15364

LA MISSION

DE

SAINT FRANÇOIS DE SALES

EN CHABLAIS

LA MISSION

DE

SAINT FRANÇOIS DE SALES

DANS LES BAILLIAGES DE

CHABLAIS

ET

TERNIER-GAILLARD

D'APRÈS DES DOCUMENTS NOUVEAUX

PAR

l'abbé GONTHIER

Aumônier des Hospices d'Annecy.

ANNECY

IMPRIMERIE F. ABRY

LIBRAIRE-ÉDITEUR

1891

APPROBATION

DE

Mgr L'ÉVÊQUE D'ANNECY

—

On avait, il y a une quarantaine d'années, pris un moyen assez simple d'écrire l'histoire : c'était de tenir pour avéré le contraire de ce qui avait été dit, écrit et admis jusqu'alors. Cette méthode avait été appliquée à la première partie de la vie apostolique de saint François de Sales. Comme on enseignait depuis trois cents ans, avec tous les documents émanés du Saint-Siège, qu'il avait été le premier et l'unique en date, et jusqu'au bout le principal auteur de la conversion du Chablais, quelques écrivains ont paru qui devaient dire et qui ont dit que le saint n'aurait point eu la part principale dans cette œuvre de salut.

Grâce à Dieu, ces dernières années ont vu se lever et s'affermir une heureuse réaction contre cette école du volte-face historique. Notre Savoie

*a produit des ouvrages dont les auteurs ont cher-
ché la vérité pour elle-même, ont mis à profit un
nombre considérable de pièces, lettres, actes no-
tariés, actes de chancellerie qui ont été déchiffrés
et transcrits avec la plus parfaite exactitude. Ce
n'est point une histoire qu'écrivent ces auteurs :
c'est une époque qu'ils font toute entière revivre
devant nous. L'un de ces lettrés, patient, exact
et consciencieux, M. l'abbé Gonthier, aumônier
des hospices d'Annecy et mansionnaire de notre
Eglise cathédrale, s'est donné la glorieuse tâche
de nous faire assister, presque semaine par semaine, à la conversion du Chablais par saint
François de Sales. Nous estimons, avec les juges
les plus compétents en ces matières, que son œuvre
est complète et qu'elle fait disparaître par sa vive
clarté les dernières des ombres incertaines et
fuyantes qui pourraient encore errer sur ces glo-
rieuses années de la vie et des travaux apostoliques de notre saint Docteur.*

*Annecy, le 11 avril 1891, en la fête de saint Léon le
Grand.*

† LOUIS, Evêque d'Annecy.

INTRODUCTION

Après les travaux de MM. Hamon et Pérennès, tout semblait dit sur saint François de Sales. Il n'en est rien. Sans doute le portrait qu'ils nous ont tracé de l'aimable évêque de Genève est vrai dans ses grandes lignes, mais il laisse beaucoup à désirer pour les détails ; et, tout en reconnaissant le mérite incontestable de ces deux biographes, nous ne craignons pas d'avancer que, chez l'un et l'autre, les erreurs se chiffrent par centaines.

Cette affirmation, qui paraîtra peut-être hardie, nous ne la faisons qu'après de longues et patientes recherches. Nous avons lu, en effet, outre les deux biographies citées plus haut, les Vies du saint par le P. La Rivière, H. de Maupas, Jean Goulu, Charles-

Auguste de Sales, etc.; les travaux de MM. de Baudry, Vittoz, etc.; nous avons parcouru les 1,600 lettres du saint publiées par Migne, celles éditées depuis dans divers recueils, notamment dans les *Mémoires de l'Académie salésienne*, ou par divers auteurs, tels que MM. Jules Vuy, F. Mugnier et *Peraté*. Nous avons de plus soigneusement compulsé l'*Année Sainte* de la Visitation, les registres de l'évêché trop inexplorés jusqu'ici, etc., etc.; et nous avons tâché, avec tous ces éléments, de suivre François de Sales année par année, mois par mois, même jour par jour quand nous l'avons pu. En un mot, nous avons fait le *journal* du saint.

Avec ce *journal* nous aurions voulu écrire sa vie; mais ce travail dépassant nos forces, nous avons essayé du moins de refaire l'histoire de son apostolat en Chablais, soit de la période qui est à la fois la plus intéressante, la plus glorieuse et la plus obscure de sa vie, si l'on excepte sa jeunesse.

Charles-Auguste de Sales est le premier, croyons-nous, qui ait raconté avec quelques détails cette mission du Chablais; mais il a brouillé les faits d'une façon incroyable.

L'abbé de Baudry, en 1836, mit un peu d'ordre dans ce chaos et compléta le récit de Charles-Auguste soit par les lettres qui venaient d'être publiées dans la collection Datta, soit par les documents inédits que possédait le monastère de la Visitation.

Plus tard, MM. Hamon et Pérennès, dans leurs *Vies* de saint François de Sales ; l'abbé Vittoz, dans son *Apostolat*, ont, à leur tour, complété l'abbé de Baudry ; mais leurs travaux, nous le répétons, fourmillent encore d'inexactitudes.

Ainsi, par exemple, ils placent au mois d'avril 1596 l'abjuration de l'avocat Poncet qui eut lieu une année plus tôt, et, le 4 octobre, à Thonon, celle du baron d'Avully, qui se fit à Turin le 26 du mois d'août précédent. Suivant eux, François de Sales aurait soigné les pestiférés d'Annecy en 1597 ou 98, et cela n'est point ; il aurait été, après la conversion du Chablais, retenu dans cette ville par une maladie de plusieurs mois, et il partit de suite pour la Ville Eternelle. En un mot, leur chronologie est généralement défectueuse.

Pour nous, mettant à profit les précieuses lettres exhumées des Archives du Vatican par M. Peraté (1), relisant avec une grande attention celles déjà connues, nous nous sommes étudié à replacer les faits dans leur cadre naturel, à rectifier les assertions erronées, à mieux retracer la part du Saint et celle de ses vaillants collaborateurs.

Nous n'avons point, certes, la prétention d'avoir tout élucidé ni celle d'avoir toujours réussi dans nos conjectures : car hélas ! on est encore parfois réduit à des conjectures. Mais nous croyons enfin présenter au public une *histoire vraie* du retour au catholicisme de la splendide contrée qui s'étend, sur la rive gauche du Léman, entre le mont Vuache et la Dranse.

(1) *La Mission de saint François de Sales dans le Chablais*, etc., 83 pages in-8°, Rome, 1886.

Puisse ce travail faire aimer toujours davantage le vaillant apôtre qui, par sa douceur et ses vertus plus encore que par son éloquence, a ramené plus de trente mille brebis égarées dans le giron de l'Eglise et dont les suaves écrits ne cessent de guider dans le chemin du ciel des âmes innombrables.

J.-F. Gonthier.

Annecy, le 29 janvier 1891.

———

Nota. — Pour faciliter au lecteur la comparaison entre notre récit et celui des biographes cités plus haut, nous avons marqué d'une astérique les alinéas qui renferment des renseignements contradictoires aux leurs ou que tout au moins l'on chercherait vainement dans leurs écrits.

———

CHAPITRE PREMIER.

Le Chablais protestant.

Au commencement du XVIᵉ siècle, un moine allemand, le célèbre Martin Luther, poussé par un orgueil effréné, leva contre Rome l'étendard de la révolte et prêcha la religion du *libre examen,* l'abolition du célibat des clercs, l'inutilité des bonnes œuvres, etc., etc. (1517). L'hérésie nouvelle, favorablement accueillie par les moines relâchés et les laïques vicieux dont elle favorisait les passions, par certains princes auxquels elle livrait les biens des monastères, fut bientôt acceptée ou imposée dans le Nord de l'Europe. De là, elle s'étendit vers le Midi, gagnant successivement Zurich, Bâle, Glaris, Berne, enfin Genève.

Dans cette dernière ville, la masse du peuple était fort attachée à son antique religion ; mais un grand nombre de citoyens, désireux de s'affranchir de la tutelle pourtant bien douce de l'évêque et de celle de la Maison de Savoie, demandèrent l'appui de Berne, et Berne imposa à ses nouveaux alliés l'adoption du nouvel Evangile. Après quelques années de lutte, l'évêque de Genève, ainsi que l'officier ducal, durent prendre la route de l'exil, suivis de près par le clergé et les catholiques fidèles (1535).

Si les nations voisines avaient compris leur intérêt et leur devoir, elles auraient pris fait et cause pour les bannis ; loin de là, n'écoutant que leur ambition, elles embrassent le parti de la cité rebelle et se jettent sur les Etats du malheureux Charles III qu'elles se partagent. Les Bernois, aidés des Genevois, envahissent les pays de Vaud et de Gex qu'ils livrent au feu et au pillage ; puis, sur la rive gauche du Léman, la région comprise entre le lac, le torrent de la Dranse, les montagnes du Faucigny et les monts Salève, Vuache et Sion, soit les châtellenies de Ternier (Saint-Julien), de Gaillard et le Chablais qui, pour éviter un traitement semblable, ouvrent leurs portes aux envahisseurs. Les Fribourgeois occupent le pays de Romont; les Valaisans, le bas Valais avec le pays de Gavot, soit le Chablais oriental (1); enfin,

(1) Les Valaisans réclamèrent aussi les territoires situés sur la rive gauche de la Dranse, mais faisant partie des communes de la rive droite. C'est à cela que les villages de La Vernaz, Jotty, Urine, Ombre, Essert-Romand, la Mossière, etc., c'est à cela, dis-je, et non à une victoire problématique remportée par eux cette année-là sur les Bernois, que ces villages durent d'échap-

le roi de France s'empare du reste de la Savoie et du Piémont (février 1536).

Berne divisa le pays conquis par elle en deçà du lac en deux bailliages : celui de Thonon ou du Chablais occidental qui comptait 48 paroisses, dont 13 ou 14 filleules (1), et celui de Ternier-Gaillard qui en renfermait au moins 42 (**B**).

Pendant les premiers mois, les seigneurs de Berne, qui avaient promis aux députés du Chablais et de Ternier, venus au-devant d'eux pour se soumettre, le libre exercice de leur religion, montrèrent une certaine tolérance et se bornèrent à faire prêcher leur fausse doctrine dans les paroisses, espérant que les exhortations du bailli, jointes à ces prédications, suffiraient à entraîner les habitants à la Réforme. Ils se trompaient. Dans la campagne, les ministres ne recueillaient que des injures, et des coups, s'ils étaient seuls.

A Thonon, ils n'étaient pas mieux accueillis. Sur la fin du carème, le célèbre Farel jugea prudent de s'enfuir à Genève. Le lundi de Pâques (17 avril),

per au joug de Berne et à l'hérésie. Mégevette y échappa de même parce qu'elle était du domaine temporel de l'abbaye d'Aulps.

(1) A ces 48 paroisses, il faut ajouter deux villages du pays de Gavot : Maxilly et Montigny, qui subirent le joug bernois. J.-F. de Blonay, seigneur des dits lieux, avait vendu ses droits au duc de Savoie Charles III, en 1514 ; Berne se substituant à S. A. en réclama la suzeraineté et leur imposa la Réforme.

on vit se dérouler dans la ville une magnifique
procession où figuraient plus de 300 hommes, avec
un nombre bien supérieur de femmes. Le 2 mai,
Farel, de retour, écrivait à son collègue Fabri, dit
Lambertet : « Nous ne sommes pas ici sans danger.
« Nous ne faisons aucun fruit ou très peu... » et,
le 5 : « Nous sommes toujours au milieu des tem-
« pêtes. Il me semble que je perds presque ma peine
« dans ce lieu. » Fabri, étant venu le même jour de
Genève pour le remplacer, ne fut pas plus heureux :
il se vit en effet, après son sermon du lendemain,
obligé de fuir en toute hâte, ainsi que le bailli lui-
même, pour échapper à la foule irritée contre lui.

Berne, voyant que les moyens de persuasion ne
réussissaient pas, recourut à la force. La messe et le
port de l'habit ecclésiastique furent interdits ; les
autels renversés ; les croix, les statues et les images
brisées ou livrées aux flammes ; les abbayes de Filly
et du Lieu, la chartreuse de Vallon, les prieurés de
Thonon et de Ripaille, la collégiale de Viry, furent
fermés ; les nobles opposés à la réforme eurent leurs
biens confisqués (1), les prêtres fidèles furent bannis

(1) Citons entre autres nobles Michel Guillet de Thonon,
Aymon de Genève-Lullin et le seigneur de Corsinge. Celui-ci,
s'étant rendu à Thonon, dans le mois de mars 1536, accompagné de quelques hommes d'armes, eut l'audace de chanter à
travers les rues une chanson dans laquelle il se raillait des
gentilshommes qui avaient fait hommage à Berne.

et remplacés peu à peu par des apostats venus de France ou par des laïques recrutés à grand'peine (1) ; les cures et les églises dépouillées ou vendues.

Le peuple néanmoins demeurait attaché à sa vieille foi. Le dimanche et les jours de fêtes, au lieu d'aller au prêche, les catholiques restaient dans leurs maisons, ou bien ils allaient entendre la messe au-delà de la Dranse ou dans les paroisses du Genevois et du Faucigny qui ne subissaient pas le joug de Berne ; ils allaient aux mêmes lieux faire bénir leurs mariages, ils y portaient les nouveaux-nés pour leur faire administrer le baptême et y mettaient leurs enfants en pension, afin de leur procurer l'instruction religieuse et la grâce d'une première communion. Irrités de cette noble conduite du peuple, les Bernois firent publier à son de trompe et afficher dans toutes les paroisses des lois draconiennes comme les suivantes :

« Que personne ne doive aller à la messe ny à aultres ceremonies papables à poyne de dix florins (environ 36 francs de notre monnaie) pour une chescune foys.

Que personne ne soit ausé porter ny faire porter baptiser enfans, sinon jouxte la reformation evangelicque et chescun en sa paroisse par le ministre du

(1) Le nombre des ministres en Chablais, qui était de douze en 1538, fut porté jusqu'à vingt. On en comptait cinq dans le bailliage de Ternier et une dizaine dans le pays de Gex. (Voir le document **A.**)

lieu, à poyne de dix florins oultre la peine comprise ès statuts de nous dicts Seigneurs.

Que personne ne doive mener, tenir ny faire tenir ses enfans es escolles papistiques ny hors les pays de nos redoubtés seigneurs, à poyne de dix florins pour une chescune foys.

Que chescun soyt tenus et doive aller au presche et chescung en sa paroisse, à poyne de cinq sols.

Que chescung soit tenus et doivent envoyer leurs enfans, serviteurs et servantes au catechisme et instruction à heure à eux determinée, à poyne pour chescune foys de cinq sols. »

Les populations opposèrent à la tyrannie de Berne une résistance passive. Deux ans après la conquête, il y avait des villages entiers qui n'avaient pas encore été au sermon et qui accueillaient par des injures les prédicants toutes les fois qu'ils se présentaient. A Thonon même, les nobles et les notables s'abstenaient du sermon malgré l'amende ; le peuple, forcé de se rendre au temple, s'y livrait à toutes sortes d' « insolences ». On entrait, sortait, toussait, on remuait les bancs, on cherchait tous les moyens de couvrir la voix du prédicateur. Les femmes tournaient et retournaient leurs chapelets (1).

(1) Tous les détails qui précèdent sont extraits d'auteurs protestants et, partant, non suspects, tels que RUCHAT, *Histoire de la Réformation de la Suisse*, et VULLIEMIN, *Le Chroniqueur*.

A la longue cependant, la victoire devait rester à la force. Un certain nombre de catholiques émigrèrent ; d'autres se soumirent en apparence pour éviter la ruine ; d'autres embrassèrent volontiers une doctrine qui favorisait leurs passions, en niant la nécessité des bonnes œuvres ; à ces derniers s'ajouta bientôt la génération nouvelle qui avait été élevée dans les principes de la réforme. Ainsi, peu à peu, le protestantisme s'implanta dans les bailliages et finit par y régner seul en maître.

Ce malheureux pays gémissait depuis vingt-deux ans sous la tyrannie de Berne (1), lorsque le fils du duc Charles III, le célèbre Emmanuel-Philibert, devenu généralissime des armées de l'empereur Charles-Quint, battit les Français à Saint-Quentin (1557), puis à Gravelines (1558).

Les vaincus durent restituer au jeune duc la portion de ses Etats qu'ils avaient envahie. Un peu plus tard, les Valaisans, conservant le bas Valais, rendirent le pays de Gavot (1569) ; deux ans auparavant, les Bernois avaient, tout en gardant le pays de Vaud, rendu les bailliages de Gex, Ternier et Thonon ; mais avec la réserve que le culte protestant conti-

(1) Deux proverbes encore en usage : *Raide comme la justice de Berne*, et *langue de Farel*, pour dire mauvaise langue, nous prouvent combien Berne et ses ministres étaient antipathiques à nos populations.

nuerait d'y être exercé à l'exclusion du culte catholique (25-27 août 1567) (1).

Emmanuel-Philibert († 1580) exécuta scrupuleusement cette clause injuste, se contentant de faire unir provisoirement à l'ordre des chevaliers des SS. Maurice et Lazare les biens et bénéfices ecclésiastiques du Chablais qui n'avaient pas été aliénés par les Bernois.

Son fils, Charles-Emmanuel, étudiait les moyens de l'éluder lorsqu'une nouvelle attaque de ses ennemis vint lui rendre sa liberté d'action.

Au printemps de 1589, une armée composée de Genevois, de Bernois et de Français se jette sur le Chablais, détruisant les châteaux, brûlant les maisons de ceux qui s'étaient armés pour la défense de leur souverain, et ravageant affreusement les campagnes. A la nouvelle de cette invasion, le duc accourt, les bat et leur impose le traité de Nyon (11 octobre), dont un article porte que les protestants ne conserveraient plus qu'un temple à Ternier, deux à Gex et trois en Chablais, savoir ceux de Nernier, Bons et Tully ; — puis, sans attendre, il demande à l'évêque de Genève, Msr de Granier, de

(1) La cession des trois bailliages se fit en vertu d'un traité conclu à Lausanne, le 30 octobre 1564, et qu'on appelle parfois traité de Nyon, parce que c'est à Nyon qu'en avaient été arrêtées les bases le 2 mai précédent. (Note de M. E. Ritter.)

rétablir des curés dans les diverses autres paroisses des bailliages.

L'évêque s'empressa d'envoyer une cinquantaine de prêtres (1), parmi lesquels un nommé François Bochut, de Cluses ou d'Ayse, qui fut destiné à la ville de Thonon.

A la voix de ces pasteurs légitimes, une partie des habitants rentra bientôt dans le sein de l'Eglise romaine. Malheureusement, ce bon mouvement ne dura pas. Charles-Emmanuel ayant retiré ses troupes pour les mener en Provence, au secours de la Ligue, qui refusait de reconnaître Henri IV, alors calviniste, les Genevois recommencent de ravager notre infortuné pays. Aidés par la défection des mercenaires italiens (2) et la connivence des principaux bourgeois de Thonon, ils occupent cette ville et son château, dont ils abattent deux tours (17 février 1591) ; ils s'emparent même, dans une embuscade, du vaillant défenseur des Allinges, qu'ils conduisent à Genève (3), et demeurent ainsi, pendant trois années, maîtres presque absolus des bailliages, où seule la forteresse

(1) Reg. de l'évêché.
(2) Acad. Chabl., II, 142.
(3) F.-M. de Saint-Jeoire, baron d'Hermance, qui, libéré en février 1592, retourna aux Allinges, où il eut le bonheur de recevoir saint François de Sales. Il avait été remplacé au fort, durant sa captivité, par Sébastien de Montvuagnard, seigneur de Boëge.

des Allinges maintint haut et ferme l'étendard à la Croix blanche de Savoie.

A l'approche de l'armée calviniste, les prêtres, envoyés par Mgr de Granier, s'étaient enfuis (1) ; et les nouveaux catholiques, dont la conversion avait été bien prompte pour être solide, « retournèrent à leur bourbier » (2).

Un évènement inattendu vint changer la face des choses : le 25 juillet 1593, Henri IV abjurait le protestantisme. Désarmés par cette conversion, les Ligueurs négocièrent une trève dans laquelle Charles-Emmanuel obtint d'être compris ; et les Genevois s'empressèrent de restituer la châtellenie de Ternier et le Chablais (16 septembre), tout en gardant Gaillard et Gex, sur lesquels cependant le duc réservait ses droits.

Lorsqu'il eut repris possession définitive du Chablais, ce dernier écrivit à l'évêque pour lui demander de nouveaux missionnaires destinés à rem-

---

(1) François Bochut avait été nommé curé de Thonon le 2 octobre 1589 (Archives de l'évêché). Transféré à la cure d'Ayze en Faucigny, il vit les Genevois brûler son église et son presbytère (16 décembre 1592) ; administra quelques années la paroisse d'Hermance (1598-1604), et retourna à sa cure d'Ayze, où il mourut en 1637. — C'est lui qui fonda le collège de Cluses. Voir l'*Histoire de Cluses*, de M. l'abbé Lavorel.

(2) Lettre de saint François de Sales au nonce du 19 février 1596, MIGNE, V, 351. Beaucoup d'entre eux, toutefois, n'apostasièrent qu'en apparence (IBID).

placer F. Bochut, qui avait pris la fuite. Mgr de Granier, après avoir invoqué les lumières de l'Esprit-Saint, convoque les principaux membres de son clergé, lit devant eux les lettres ducales et les prie de lui désigner les prêtres les plus capables de remplir cette mission délicate et pleine de dangers.

Le pontife ayant fini de parler, le prévôt, qui était à la fois le plus jeune et le premier dignitaire du chapitre, se lève et, d'un ton modeste autant que résolu, dit simplement ces mots : « Monseigneur, si vous jugez que je sois capable (de cette mission) et que vous me commandiez de l'entreprendre, je suis tout prest d'obeir et iray volontiers. » L'évêque, au comble de la joie, repartit : « Je vous juge très capable et je vous remercie de me décharger d'une tâche qu'à votre défaut je me serais cru, malgré ma vieillesse, obligé d'affronter. »

Ce prévôt, c'était François de Sales.

CHAPITRE II.

Départ de François de Sales
pour le Chablais.

Le jeune héros, dont nous allons raconter les hauts faits, était le fils aîné de noble François de Sales, seigneur de Novelles, Boisy en Bornes, Vallières, La Thuille, etc., et de Françoise de Sionnas. Il avait vu le jour au château de Sales, à Thorens, le 21 août 1567, à l'heure même où la Croix de Savoie reprenait possession du Chablais (C).

Après avoir fréquenté les collèges de La Roche et d'Annecy, les célèbres Universités de Paris et de Padoue, François était revenu dans sa famille avec le diplôme de docteur en droit civil et canonique. C'était alors un gentilhomme accompli. Santé robuste, taille avantageuse, belle figure éclairée par des yeux doux et bleus, élocution facile, esprit distingué possédant les connaissances les plus variées, cœur ardent et plus pur encore : il réunissait tout ce qui peut assurer le succès et la gloire.

M. de Boisy, qui voyait en son fils l'honneur de sa maison et le bâton de sa vieillesse, voulut aussitôt l'engager dans la carrière de la magistrature ; mais François avait depuis longtemps renoncé au monde. En vain lui présente-t-on un brillant mariage, en vain le duc lui offre-t-il les patentes de sénateur, François refuse ; et l'un de ses amis ayant, sur ces entrefaites, obtenu pour lui de Rome, à son insu, la dignité de prévôt du chapitre, il revêt la soutane et reçoit les ordres sacrés (1593).

François était prêtre depuis sept mois à peine lorsqu'il demanda le périlleux honneur d'aller évangéliser les habitants du Chablais (juin ou juillet 1594). En apprenant la résolution de son fils bien aimé, M. de Boisy accourt ; il le prie, il le conjure avec larmes de renoncer à ce dessein, qu'il traite d'insensé : tout est inutile. « Ne savez-vous pas, mon cher père, répond le saint apôtre, que je dois être occupé tout entier des intérêts de mon Père céleste. Que craignez-vous ? Dieu y pourvoira ; c'est luy qui aide aux vaillants ; il n'y a que d'avoir du courage. Nous n'avons pas affaire aux nations barbares, je ne suis pas tout à fait incogneu à ce peuple. J'ai confiance que Dieu, selon sa promesse, baillera une grande vertu à nos paroles pour la prédication

de son Évangile. Que serait-ce si on m'envoyoit aux
Indes ou en Angleterre ? Ne faudroit-il pas y
aller ? Certes, ce seroit un voyage bien desirable...
Au reste, voicy la volonté de S. A. serenissime,
voicy le commandement de Monseigneur le reveren-
dissime : il n'y a plus rien à contredire ; c'est une
chose laborieuse, il est vray, et nul ne sauroit le
nier ; mais pourquoy portons-nous ces robbes, si nous
n'en voulons pas la charge ? »

Le marquis de Lullin essaye de joindre ses instances à celles du père ; il n'obtient pas un succès
meilleur.

Le prévôt se prépara donc, par la prière et l'étude,
à sa grande mission.

Plusieurs ecclésiastiques, admirant son zèle, s'of-
frirent à partager ses travaux ; mais il choisit entre
tous le chanoine Louis de Sales, son cousin, dont il
connaissait la douceur, l'esprit méthodique et la parole éloquente. Avant de partir, ils allèrent tous
deux recommander leur entreprise aux prières des
chanoines et des religieux de la ville ; puis, munis de
la bénédiction de leur évêque, ils quittent Annecy.
C'était le 9 septembre 1594.

Ils arrivent bientôt au château de Sales, qui était
sur leur route. Là, M. de Boisy fait de nouvelles
tentatives pour décourager son fils ; le voyant iné-
branlable dans son dessein, il résolut de ne point

recevoir ses adieux et, défendant à ses domestiques de l'accompagner, il se rendit au château de la Thuille, d'où toutefois il écrivit à ses amis du Chablais pour leur recommander les missionnaires (1).

Les deux apôtres passèrent la journée du 12 dans la prière et le jeûne ; le 13, ils se firent mutuellement une confession générale des fautes de leur vie ; le soir, François dit adieu à sa pieuse mère qui, tout en versant beaucoup de larmes, le bénit avec tendresse ; enfin, après avoir consacré à l'oraison une partie de la nuit, ils allèrent prendre un peu de repos.

Le lendemain matin, jour de l'Exaltation de la Sainte Croix, l'âme brûlante du désir d'aller la planter dans les cœurs et sur la terre du Chablais, ils partirent à pied, sans domestiques, sans autre ressource qu'une modique somme d'argent, portant pour tout bagage leur linge personnel et deux ou trois livres, tels que : la Bible, le Bréviaire et les *Controverses* de Bellarmin. En traversant ainsi La Roche, le pont de Boringe et la petite ville de Bonne, ils arrivèrent, vers le milieu du jour, sur les bords de la Chandouze, qui séparait alors le Chablais du Faucigny. Là, les deux apôtres se mettent à genoux et saluent l'Ange tutélaire de la province, en le priant de leur être favorable ; puis, récitant la formule de

_____

(1) Lettres du 14 septembre. (J. Vuy, *La Philothée*, II, 264.)

l'exorcisme, ils conjurent le Seigneur de chasser de cette terre les démons qui tenaient les âmes dans l'aveuglement de l'hérésie (1). Ils continuèrent ensuite leur route et gravirent la côte de Langin.

A leur gauche, apparaissaient au milieu des marais et des grands chênes « les bonnes murailles, la haute tour et les créneaux du château de Brens » (2) où Louis et François avaient passé les vacances de leurs années de collège, et, plus loin, la ravissante colline de Ballaison, où leur famille avait des propriétés et qu'ils avaient si souvent parcourue dans leur jeune âge. Devant eux se déroulait la magnifique plaine du Chablais, que dominait le fort des Allinges. Tout semblait inviter les deux jeunes prêtres à la joie ; et, cependant, ils n'étaient point gais, un air de douce mélancolie était répandu sur leur visage.

Au lieu d'admirer les beautés de la nature, ils considéraient l'état malheureux du peuple courbé sous le joug de l'hérésie, les ruines accumulées dans

---

(1) La paroisse de Saint Cergue a fait récemment élever (1868) en ce lieu une belle croix de pierre avec inscription. — On voit aussi dans la chapelle de la Visitation de Thonon un grand tableau du peintre Baud, représentant cette scène.

(2) *Pourpris historique*, page 559. La terre et le château de Brens avaient été acquis en 1569, par Louis et François de Sales, oncle et père de notre saint. Ce dernier y fut amené une première fois, à l'âge de trois ans (été de 1570) : Dieu voulait que le futur apôtre du Chablais vînt essayer ses premiers pas sur le théâtre de ses prochaines victoires.

le pays, les croix brisées et gisant méprisées le long du chemin. Ils virent en passant les églises de Boringe et d'Avully détruites, celle de Bons transformée en temple ; celles de Saint-Didier, de Fessy et de Lully abandonnées et « réduites en retraites de chats-huants », les pointes de leurs clochers abattues et les presbytères en ruines. Ils longèrent ensuite la butte de la Maladière (1) ; puis, ils gravirent le sentier de la *perrousa* qui, de la *repentance,* conduit au château des Allinges, frappèrent à la porte de la forteresse et demandèrent à parler au gouverneur, de la part du duc de Savoie (2).

Le gouverneur du Chablais et des Allinges était François-Melchior de Saint-Jeoire, baron d'Hermance. C'était un homme chevaleresque, dévoué, plein d'énergie et d'audace ; renfermé dans son château avec une centaine de soldats, il avait toujours défié les bandes genevoises qui parfois ravageaient la plaine. Il était de plus un vrai chrétien et un ami de la famille de Sales. Averti de l'arrivée de deux étrangers, il descendit au premier corps de garde où ceux-ci l'attendaient. A peine les eut-il reconnus

(1) On donne le nom de *Maladière* à la pointe occidentale de la colline des Allinges, à cause d'une maladrerie qui existait à ses pieds et qu'on appelait la maladière de Montjoux.

(2) On trouvera aux pièces justificatives (**F**) une petite notice sur les châteaux et la chapelle des Allinges.

2.

qu'il les embrassa et leur témoigna sa joie « avec toutes les caresses possibles ». François lui remit *deux* lettres, l'une du duc de Savoie qui lui ordonnait d'accueillir favorablement et de prendre sous sa protection les missionnaires que lui enverrait l'évêque de Genève ; l'autre, de l'évêque qui désignait pour cette mission François et Louis de Sales et les lui recommandait instamment. La lecture de ces lettres achevée, le baron introduisit dans la forteresse les deux nouveaux apôtres, s'entretint avec eux, les reçut à sa table et, après une visite à la chapelle du château, le seul endroit du Chablais où grâce à l'aumônier de la garnison, fut encore offert l'Auguste Sacrifice des autels, les invita à se reposer des fatigues du voyage.

Le lendemain matin, ils célébrèrent la messe, se la servant tour à tour ; puis, le baron leur montra la forteresse. Arrivé sur la terrasse, il voulut leur faire admirer le magnifique point de vue dont on y jouit ; mais François tout entier à d'autres pensées, les coudes appuyés sur le parapet du bastion et la tête dans ses mains, se mit à verser d'abondantes larmes, en s'écriant dans le langage touchant des prophètes : « Voilà donc comment le Seigneur a arraché la haie de sa vigne... la voilà donc déserte, déracinée et foulée aux pieds. Les murs de Sion sont dans la désolation parce qu'il n'y a plus personne qui vienne à ses solennités. Les pierres du sanctuaire ont été dispersées... O Jérusalem ! ô Chablais ! ô Genève ! convertis-toi au Seigneur ton Dieu. » (Isaïe, Jérémie.)

Après plusieurs belles paroles semblables où respirait le zèle le plus ardent, il conféra avec le baron d'Hermance sur la meilleure marche à suivre pour le succès de la mission. Le baron promit de les aider de tout son pouvoir, mais leur recommanda en même temps d'agir avec prudence : « Deux choses sont nécessaires en commençant, leur dit-il : la première, c'est que vous passiez toutes les nuits dans la forteresse, vous ne seriez pas en sûreté ailleurs ; la seconde, c'est que vous vous absteniez de célébrer la messe dans un lieu hérétique, il y aurait trop grand péril à le faire. Contentez-vous, dans les commencements, d'aller prêcher à Thonon, remontez le soir à la forteresse où vous célèbrerez la messe tous les matins, et, quand le temps ou d'autres circonstances vous empêcheront de faire l'ascension de la colline, vous irez la dire dans la chapelle de Saint-Etienne que vous voyez là-bas, au-delà de la Dranse, à côté des ruines de mon château de la Chapelle de Marin (1). » ·

Les missionnaires suivirent ce conseil et prirent logement dans la citadelle.

(1) Ce château, complètement transformé, est aujourd'hui la propriété de la famille de Blonay. Il avait été acquis par les nobles de St-Jeoire, en 1518, de Ne F. de Compeys.

CHAPITRE III.

Premiers travaux du saint.

Le lendemain de cette conférence où ils avaient arrêté leur plan d'évangélisation, François et Louis descendirent à Thonon, éloigné de six kilomètres. Cette ville possédait alors un fort petit nombre de catholiques, savoir :

Six à sept familles faisant ensemble une quinzaine de personnes, Faucignerans pour la plupart, venus là pour le commerce ;

Deux ou trois dames qui étaient alliées à des protestants et que nous reverrons plus loin ;

Jeanne du Maney, veuve de l'ancien procureur fiscal Duffoug ;

Charles de Vidonne, qui possédait dans les environs le château de Marclaz, sa résidence habituelle, avec le fief de Charmoisy, et qui était lié à M. de Sales soit par les liens du sang soit par une amitié profonde déjà partagée par leurs fils (1) ;

Enfin un certain nombre d'employés ducaux parmi lesquels nous citerons le juge-mage, Claude d'Orlyer, dont le zèle pour sa foi paraît avoir été bien faible, et son procureur fiscal, Claude Marin, sur la prudence et le dévouement duquel nos deux missionnaires pouvaient compter. C'est dans sa maison, située au couchant de la ville (aujourd'hui place de l'Ecole), qu'ils descendirent.

Ils y convoquèrent les familles catholiques que François, dans une allocution chaleureuse, encouragea à pratiquer ouvertement leur foi. Ils firent ensuite visite aux syndics auxquels ils exhibèrent les ordres du prince, et remontèrent le soir aux Allinges.

Ils retournèrent à Thonon le 17, et consacrèrent sans doute la journée à voir en particulier les catholiques qu'ils invitèrent à se trouver au sermon du lendemain. Le lendemain, qui était en effet un dimanche, François, le prêche du ministre achevé, entre dans l'église de Saint-Hippolyte suivi des siens, monte en chaire et démontre à son auditoire, par divers textes de la Sainte-Ecriture, qu'on n'a pas le droit de prêcher la parole de Dieu sans en avoir reçu

(1) Charles avait un fils nommé Claude, dit de Charmoisy, qui épousa, en 1600, Louise Duchàtel de Normandie, la célèbre *Philothée.*

la mission de l'autorité légitime, et, par les faits, que les ministres protestants n'avaient pas reçu cette mission.

Les catholiques furent grandement affermis dans leur foi par les paroles du prévôt ; les protestants en conçurent une vive irritation. Excités par les ministres, ils se mirent à dégorger contre nos deux missionnaires « mille pouilles, mille moqueries, les appelant idolâtres, faux prophètes, cafards, etc., etc., » disant qu'on devait les chasser à coups de fouets ; d'autres ajoutaient même qu'il fallait leur ôter la vie. — François, sans se laisser émouvoir, dit à son cousin : « C'est maintenant qu'il faut avoir du courage, mon cousin ; et pourvu que vous n'ayez point peur, nous ferons prou. » Louis de Sales ayant répondu qu'il n'avait pas peur, « eh bien ? reprit le saint, nous sommes assez forts ».

Le bruit de ces menaces parvint bientôt aux oreilles de M. de Boisy ; celui-ci croyant déjà voir son fils percé par le poignard des assassins, lui envoya de suite son domestique avec un cheval pour le ramener. François se contenta de renvoyer le domestique avec une lettre par laquelle il s'efforçait de rassurer le bon vieillard (1).

(1) *Année sainte* de la Visitation, au 18 septembre. Ce domestique se nommait Georges Rolland. Quelques années après, il devint prêtre et même chanoine de la cathédrale, tout en

* Un autre personnage, à cette même heure, s'inquiétait des dangers que pouvait courir le prévôt ; c'était l'illustre sénateur Antoine Favre, son ami intime. Informé du départ de François pour le Chablais, Favre était venu le saluer à Annecy ; puis prenant un autre chemin que les missionnaires, il s'était rendu dans la vallée d'Aulps où l'attendait quelque affaire importante et de là, vers le 20 ou le 21 septembre, il descendit au château de Marclaz. Il eut avec le prévôt une longue entrevue, vit aussi ses connaissances de Thonon auxquelles il fit de ce dernier les plus grands éloges ; enfin, complètement rassuré, confiant même dans l'issue de l'entreprise, il reprit le chemin de Chambéry non sans passer au château de Sales, afin de calmer les alarmes de M. de Boisy (1). De Chambéry, l'illustre sénateur continua de suivre avec un vif intérêt les travaux apostoliques de son ami et de l'encourager par des lettres chaleureuses qui respirent la foi la plus ardente et la plus tendre affection.

Quant à nos deux missionnaires, loin de s'effrayer des menaces des hérétiques, ils résolurent de travailler chacun de son côté. Marchant toujours à pied, un

---

restant le familier du saint, en l'honneur duquel il eut, avant de mourir, la joie d'élever une chapelle à Versonnex, son pays natal.

(1) J. Vuy, *La Philothée*, II, 174, et Migne, V, 322.

bâton à la main, ils allaient chaque matin, par bon et mauvais temps, à la recherche des brebis égarées et rentraient le soir aux Allinges. Nouveaux Moïses, après avoir combattu le jour dans la plaine, ils allaient la nuit sur la montagne retremper leur courage dans des entretiens avec Dieu et s'y nourrir du pain des forts.

Louis évangélisait de préférence la paroisse des Allinges et celles des environs, poussant parfois ses courses jusqu'à Brens dont il était seigneur. On le voit même, vers la fin d'octobre, quitter un instant le Chablais pour aller consoler les habitants éplorés du château de Sales. François, lui, concentra ses principaux efforts sur Thonon, qui était le siège de l'hérésie.

* Parmi les principaux bourgeois de la ville à cette époque, on remarquait :

L'avocat Pierre Poncet, de Gex, le plus habile jurisconsulte de la province ;

L'avocat Claude Després ;

Noble Michel Sachet dit de Russin ;

Nobles Pierre et Guy Fournier ;

Claude Forestier, seigneur d'Yvoire ;

Guy Joly, seigneur de Vallon et Dursilly ;

Ferdinand de Prez, seigneur de Corcelles-lès-Jorat (Vaud) ;

Maurice Brotty, co-seigneur de Nernier, mais vivant à l'armée du duc où il commandait un régiment de chevau-légers (1) ;

Antoine de Saint-Michel, baron d'Avully, qui était juge du Consistoire protestant et qui jouissait parmi les siens d'une grande autorité et d'un grand crédit, mais qui était d'ailleurs dévoué à son prince (2).

La plupart de ces nobles entretenaient, soit avec M. de Sales, soit avec M. de Charmoisy, des relations cordiales ; les deux derniers avaient même épousé les sœurs du gouverneur des Allinges. Cette circonstance, la noble extraction du prévôt, l'amitié que lui portait le baron d'Hermance lui procuraient une entrée facile dans ces familles. Il en profita pour les voir le plus souvent possible et pour essayer de les détacher de l'erreur, sachant bien que, si ces personnages influents venaient à embrasser le catholicisme, leur exemple serait vite suivi par la foule du peuple.

L'entreprise n'était pas facile. Les préjugés de l'éducation, les passions, leur antipathie pour le gouvernement catholique du duc, les alliances que plusieurs d'entre eux avaient contractées avec des familles de Berne ou de Genève, pour tous la crainte d'être maltraités par les deux villes s'ils embras-

(1) C'est le sexaïeul paternel de M. Adhémar d'Antioche.
(2) Aussi les Genevois avaient-ils, deux années auparavant, mis sa tête à prix, avec celles du baron d'Hermance et du chevalier de Compois (Reg. de Genève, au 19 mai 1591).

saient le catholicisme, le jour où elles reprendraient
les bailliages, étaient autant de liens qui les tenaient
attachés à la prétendue Réforme.

« Je ne perds point d'occasion de les accoster, écri-
« vait un peu plus tard le bon saint à un religieux,
« son ami, mais une partie ne veut pas entendre ;
« l'autre partie s'excusent sur la fortune qu'ils cour-
« roient lorsque la trève romproit avec Genève, s'ils
« avoient fait tant soit peu semblant de prendre
« goût aux raisons catholiques : ce qui les tient tel-
« lement en bride qu'ils fuient, tant qu'ils peuvent,
« ma conversation. »

A l'église, où François se fit un devoir de prêcher,
non seulement les dimanches, mais encore souvent
dans la semaine, il n'avait guère pour auditeurs
qu'une demi-douzaine, une dizaine au plus de catholiques. Un certain nombre de paysans des environs
et même quatre à cinq bourgeois de la ville poussés
par la curiosité ou pressés par les sollicitations du
baron d'Hermance vinrent bien l'entendre. Mais
« le diable s'en aperçut aussitôt » ; à son instigation, les principaux bourgeois, assemblés en conseil
à l'hôtel de ville, s'engagèrent mutuellement à n'assister jamais aux prédications catholiques ; ils pu-
blièrent même un arrêté pour interdire de s'y rendre
à tous sans exception.

« Ils ne veulent pas nous ouyr (entendre), écrivait

peu après le saint prévôt à son ami Favre, parce qu'ils ne veulent pas ouyr la voix des commandements de Dieu. Certes, il me semble voir où tendent les desseins de ces hommes pervers ; ils voudraient nous oster l'espérance de rien faire et par ce moyen nous chasser d'icy. Mais il n'en va pas de la sorte chez nous. Tant que les trêves nous le permettront, tant que la volonté de nos supérieurs ne nous sera pas contraire, nous avons absolument et tout-à-fait résolu de travailler à cette besogne, d'employer tous les moyens, de prier, de conjurer, de reprendre, de crier et prescher avec toutte la patience et la doctrine que Dieu nous donnera. »

Il écrivait à peu près la même chose à l'évêque, en ajoutant : « Nous espérons qu'avec la patience *ce fort armé* (le diable) *qui garde sa maison sera chassé par un plus fort que lui* qui est Nostre Seigneur Jésus-Christ (1). »

Il continua donc de prêcher, établissant les dogmes catholiques avec une clarté à laquelle le ministre Viret lui-même ne put s'empêcher de rendre hommage (2) et de semer la divine parole avec la

(1) Migne, V, 314, 307 ; VI, 1068.
(2) Ibid., V, 307. Louis Viret, alors principal ministre de Thonon, était natif de Fessy ; il avait un collègue, Jean ou Jacques Clerc, qui était de Thonon même et devait être parent du châtelain François Clerc qui, chargé de défendre la ville, en 1589, en livra les portes aux soldats de Berne et de Genève.

confiance que tôt ou tard elle porterait ses fruits.

 ' C'est ainsi que, le 27 novembre, il commença de prêcher l'Avent à un auditoire de « quatre ou cinq petites personnes ». (A . S., XII, 2.) A ses prédications il joignait la prière et la pénitence. Il jeûna même d'une façon tellement rigoureuse que sa santé en souffrit et que l'évêque, l'ayant su, lui fit une obligation de modérer ses mortifications.

Le prévôt ne demeurait pas toujours à Thonon. Il faisait de temps à autre des courses, soit à Saint-Paul au manoir de Claude de Blonay, l'un des amis de sa famille, soit à Evian où il allait pour retremper son courage auprès de ses confrères, soit dans les campagnes environnantes à la recherche des brebis égarées. Enfin, comme nous l'avons dit, il devait, chaque soir, remonter aux Allinges.

CHAPITRE IV.

Dangers auxquels François est exposé.

(Décembre 1594 — 1595 février.)

Ces courses quotidiennes, dans une saison froide, par des chemins souvent couverts de neige et de glace, mirent plus d'une fois la vie du prévôt en danger.

Un soir qu'il pleuvait fort, François et son cousin Louis furent obligés de passer la nuit « sous le desgout du toict d'une grange ».

Une autre fois, qu'ils remontaient très tard aux Allinges, ils trouvèrent, aux abords du village du Noyer, la neige tellement haute qu'ils se virent contraints de demander l'hospitalité aux habitants du lieu ; mais toutes les portes se fermèrent. Forcés de continuer leur route, ils rencontrent heureusement, à deux cents pas plus loin, le four du village ; ils s'en approchent et le trouvant encore chaud, ils l'ouvrent et s'y jettent tout habillés en attendant le jour.

Enfin, une autre fois, — c'était le 12 décembre, — François fut surpris par la nuit dans la forèt de la Chavanne. Ne sachant où diriger ses pas, entendant d'ailleurs les hurlements des loups qui couraient dans le bois, il monte sur un arbre, s'attache par la ceinture à l'une de ses branches et y passe la nuit. Des paysans du village du Noyer, nommés Mouille, aperçurent, le lendemain, notre apôtre tout transi de froid, l'emportèrent chez eux et le rappelèrent à la vie (1).

1595. — Au mois de janvier, le froid devint de plus en plus rigoureux et les chemins tellement glissants que le saint apôtre se vit obligé de mettre des crampons à ses souliers (12 janvier), et de s'aider parfois de ses mains et de ses genoux pour faire l'ascension de la colline des Allinges. Comme il était sujet aux engelures, il eut bientôt les talons en si mauvais état que son sang, après avoir mouillé ses bas et

(1) * Ces deux faits sont cités par tous les biographes ; nous y avons seulement ajouté, d'après la tradition, les noms propres de personnes et de lieux. D'après cette même tradition, l'arbre sur lequel François monta n'est autre que le châtaignier géant de La Chavanne. Le four, détruit il y a quelque trente ans, était au sud-ouest du hameau.

ses guêtres, teignait encore « de son innocente rougeur » les neiges par lesquelles il passait.

Les périls que les éléments faisaient courir à François n'étaient que le prélude d'autres périls plus graves encore. Un protestant, qui depuis embrassa la vraie foi, mais qui alors, poussant le zèle de sa secte jusqu'au fanatisme, avait promis de le tuer et de porter sa tête à Genève ou à Berne, se posta successivement en trois endroits propres à l'exécution de son dessein ; toujours le fusil rata, malgré son excellente qualité, malgré les précautions prises pour ne pas manquer son coup (8 janvier).

Désespéré de n'avoir pas réussi, il plaça des assassins en divers lieux par où l'apôtre devait passer, afin que, s'il échappait aux uns, il tombât entre les mains des autres. Mais, soit que Dieu aveuglât ces malheureux, soit qu'il rendit son apôtre invisible, il y passa effectivement et ne fut pas aperçu (1).

* Vers ce temps-là, croyons-nous, le chanoine Louis de Sales se vit obligé, faute de ressources, de se séparer de son cousin et de quitter le Chablais. M. de Boisy, apprenant toutes ces choses, se décida, sur le conseil de son épouse, d'envoyer auprès de François son fidèle Rolland, qui dès lors le suivit pas à pas,

---

(1) Déposé par ce protestant même, sous la foi du serment, lors du procès de béatification du saint.

témoin disposé par la Providence pour transmettre à l'édification publique les détails de ses sublimes pérégrinations.

A la même époque, l'infatigable prévôt commença l'exécution d'un projet qu'il méditait depuis quelque temps. Voyant que les habitants de Thonon refusaient de venir entendre l'homme de Dieu, un gentilhomme de ses amis lui conseilla d'écrire une suite d'instructions contenant la défense de la religion catholique avec la réfutation du calvinisme, et d'en répandre des copies dans les familles. « Par-là, disait-il, vous procurerez à ceux qui ne viennent pas vous écouter le seul moyen de connaitre la vérité et la facilité d'en considérer plus mûrement les preuves ; vous leur montrerez ainsi que vous ne craignez ni d'être désavoué par vos chefs, ni d'être réfuté par leurs ministres. » François pesa ses considérations, demanda conseil à ses amis et plus encore les lumières d'en-haut ; enfin, le 7 de janvier, au saint autel, il se sentit vivement poussé à réaliser ce projet (1).

Il mit aussitôt la main à l'œuvre. Pendant trois ans, il employa ses moments de loisir, même une partie de ses nuits, à rédiger des instructions substantielles que les Thononais trouvaient ensuite sur le seuil de leurs portes ou bien affichées sur les murs.

(1) *Année sainte,* au 7 janvier.

Il y établit que Luther, Calvin et tous les hérétiques ont agi sans mission ; qu'au reste ils ont foulé aux pieds les Règles de la Foi en mutilant et en travestissant l'Ecriture, en rejetant l'autorité des Saints-Pères, des Conciles et des Papes ; que l'Eglise catholique possède toutes les marques de la véritable Eglise et que les sectes réformées n'en possèdent aucune. Enfin, avec les témoignages de la Bible et de la Tradition, il bat en brèche les erreurs des protestants sur les Sacrements et le Purgatoire. — De ces feuilles volantes, faites à la hàte par un auteur de vingt-sept ans, est sorti le *Traité des Controverses,* ouvrage inachevé mais que les commissaires du pape Urbain VIII n'ont pas moins proclamó digne des Athanase, des Ambroise et des Augustin.

En dédiant quelques-uns de ces feuillets aux habitants de Thonon, le prévòt leur disait : « Prenez
« donc, Messieurs, en bonne part ce present que je
« vous fais et lisez attentivement mes raisons... Je
« ne diray rien qui soit nouveau, et je ne le voudrois
« pas faire ; car tout est ancien dans cet escrit et n'y
« a presque du mien que le fil et l'aiguille... Ce
« traicté semblera peut-estre un peu trop accourcy
« et trop devestu ; cela vient de ma pauvreté et de
« mon peu de temps, ma memoire a fort peu de
« moyens de reserves ; je n'ay que fort peu de livres
« en ce lieu dont je me puisse enrichir ; prenez

« neantmoins à gré cette production telle qu'elle
« est ; je vous l'offre, Messieurs ; et quoique vous
« ayez veu plusieurs autres livres mieux faits et
« mieux parez, arrestez un peu votre attention sur
« celuy-cy qui peut-estre sera plus sortable à votre
« complexion que les autres : car son air est du tout
« savoisien et l'une des salutaires recettes et der-
« niers remèdes, puisque c'est le retour à l'air natu-
« rel. Je vay donc commencer au nom de Dieu et je
« vous prie, Messieurs, de vous ressouvenir des pa-
« rolles de S. Paul : *Que tout amertume, ire, de-*
« *dains, crieries, blasphèmes et toutte malice*
« *soient ostez de nous et de vous. Amen.* »

CHAPITRE V.

Premiers succès.

(Mars-Avril 1595.)

* Pendant que les écrits de l'apôtre allaient porter
la vérité dans les familles de la ville, lui-même culti-
vait les bourgeois dont la porte lui était ouverte, et
s'efforçait de dissiper leurs préjugés. Parmi ces bourgeois étaient P. Fournier, le baron d'Avully et l'avocat
Poncet. Ce dernier, facilement convaincu, par les paroles de l'Ecriture, de la présence réelle du corps et
du sang de Jésus-Christ dans la sainte Eucharistie,
conservait encore dans son esprit des idées très faus-
ses sur plusieurs points de dogme. Pour les dissiper,
François lui prêta le catéchisme que venait de publier le célèbre jésuite Canisius et les *Pensées des
Pères* extraites par Busée. Cette lecture et les ex-

plications du saint achevèrent de le détacher secrètement du calvinisme (1).

Tout en travaillant à gagner les hérétiques, François ne négligeait point le petit nombre de catholiques disséminés dans le Chablais. Dans les rares instants qu'il passait à la forteresse des Allinges, il
s'occupait des soldats et leur enseignait la crainte de
Dieu et la piété. Ceux-ci, gagnés par sa bonté, sa
douceur et son courage intrépide, ne parlaient de lui
qu'avec admiration ; et, ravis de le trouver toujours
si prévenant, si accessible, ils se faisaient un plaisir
d'aller avec lui à Thonon et d'en revenir lorsqu'ils y
avaient quelque affaire. Tous avaient en lui une confiance égale à la vénération que leur inspiraient ses
vertus. Le saint apôtre se servit de cet ascendant
pour les amener à une vie plus chrétienne ; et, avec
l'aide du baron d'Hermance, il parvint à bannir du
milieu de cette garnison deux habitudes coupables et
invétérées, savoir le duel et le blasphème.

Quoique les soldats eussent un aumônier qui leur
faisait les prédications ordinaires, notre saint leur
fit aussi pendant le carême — qui s'ouvrit le 8 février — des instructions suivies pour les préparer à
la confession et à la communion pascale. Son minis-
tère, eut un si heureux succès qu'il les changea

(1) Voir lettre au P. Canisius, dans MIGNE, VI, 490.

en d'autres hommes et leur inspira cette droiture et cette piété sincère qui font la plus solide gloire du guerrier chrétien.

Un de ces soldats, après avoir entendu les sermons du zélé missionnaire, fut tellement pénétré d'horreur pour ses péchés qu'il courut risque de tomber dans le désespoir. François en prit un soin particulier, il le fit coucher dans sa chambre et manger avec lui ; il entendit ensuite sa confession et, voyant dans son cœur des sentiments de contrition si vifs accompagnés de tant de larmes, il ne lui donna pour toute pénitence qu'un *Pater* et un *Ave*. — « *Ah ! mon* « *père*, s'écrie le soldat, *est-ce que vous voulez me* « *perdre, de me donner si peu de pénitence pour* « *de si grands crimes ?* Non, lui répondit François, « çois, confiez-vous en la miséricorde de Dieu qui « est plus grande que toutes nos iniquités. Je me « charge de faire le surplus de votre pénitence. « *Cela n'est pas juste, mon père*, répliqua le soldat ; *car je suis le pécheur et vous êtes l'inno-* « *cent.* » — Quelques semaines après, ce soldat demandait son congé et allait s'enfermer pour toujours dans une chartreuse.

Les catholiques de Thonon donnèrent aussi des consolations à notre infatigable missionnaire ; ils furent très assidus aux instructions et s'approchèrent avec piété de la table sainte.

* François avait espéré un instant d'admettre à la communion pascale quelques-uns de ses sept à huit néophytes ; mais il fut déçu dans son attente. Trois ou quatre des principaux étaient bien venus de temps à autre l'écouter à la dérobée, de la porte ou des fenêtres de l'église. Plusieurs étaient convaincus de la vérité de la religion catholique ; ils ne voulaient pas l'embrasser publiquement. De ce nombre étaient d'Avully et l'avocat Poncet.

La foi du baron d'Avully au calvinisme avait été fortement ébranlée le jour où il avait eu le bonheur d'entendre, à l'église de Saint-François d'Annecy, le premier sermon du prévôt sur la sainte Eucharistie (1). Depuis lors, il avait lu et étudié. Ses lectures, les longs entretiens qu'il eut avec le prévôt soit dans sa maison, soit, dit on, dans un pré solitaire entouré de grands chênes, les contradictions et la couardise des ministres achevèrent bien vite de lui prouver que la vérité ne se trouvait que dans l'Eglise catholique. Il le reconnaissait, il promit même de se convertir ; mais diverses considérations humaines retardaient cette conversion que sa pieuse femme sollicitait avec ardeur. Quant à Poncet, les reproches de ses anciens amis, la crainte de perdre les biens qu'il possédait sur les terres des Genevois, l'incertitude de la trêve

(1) C'était le 24 juin 1593.

étaient autant d'entraves qui l'empêchaient d'avancer.

François, cependant, ne désespérait pas du succès final. « Quant à moi, écrivait-il au P. Possevin, son « ami, le samedi de Quasimodo (7 avril), j'ai icy « quelques parents et d'autres qui me portent res- « pect pour certaines raisons particulières que je ne « puis pas résigner à un autre ; et c'est ce qui me « tient du tout engagé sur l'œuvre. Je m'y fàcherois « deja beaucoup si ce n'etoit l'esperance que j'ai du « mieux... je sais bien (en effet) que le meunier ne « perd pas de tems quand il martelle sa meule. « Aussi, *ajoutait-il avec son humilité ordinaire,* « seroit-il bien dommage qu'un autre qui pourroit « faire plus de fruict ailleurs, employàt ici sa peine « pour neant, comme moi qui ne suis encore guère « bon pour prescher autre que les murallies comme « je fais en ceste ville (1). »

* Au moment où il écrivait ces lignes, l'humble missionnaire songeait à aller prendre quelque repos auprès des siens et de son évèque. Mais le baron d'Hermance et le chevalier de Compois, qui espé- raient vaincre les hésitations de l'avocat Poncet, l'engagèrent à patienter encore quelques jours (2). Il

(1) MIGNE, V, 318.
(2) IBID., VI, 526.

resta donc et n'eut pas à s'en repentir. En effet, le jeudi 20 avril (1), il eut le bonheur, « *après un laborieux enfantement de sept mois* », de recevoir l'abjuration publique de ce cher néophyte, en présence de Simon Ruptier, aumônier du fort des Allinges, et de l'avocat Ducrest qu'il avait appelés spécialement pour témoins.

Cette conversion valut à François les félicitations de son évêque et de ses nombreux amis. Déjà, à la simple nouvelle que Poncet était au nombre des néophytes, le P. Possevin lui avait envoyé, en hommage, un petit livre qu'il venait de composer sur la peinture et la poésie ; le P. Chérubin de Maurienne, que nous reverrons plus tard, lui fit passer un souvenir modique par son prix, mais cher à la piété du prévôt : c'était une image de la sainte Vierge adorant l'enfant Jésus endormi dans ses bras.

Le président Favre lui écrivit de son côté : « Je « ne saurais dire, mon cher frère, ce qui domine « le plus, de la joie ou de l'admiration non-seule- « ment chez les personnes qui malgré leur confiance « en vous ne comptaient point sur vos succès, mais « encore chez celles qui comptant sur une heureuse « issue n'osoient croire à des résultats aussi prompts,

(1) La lettre de saint François au P. Canisius prouve claire- ment que l'abjuration de Poncet eut lieu en 1595 et non pas en 1596.

« aussi marqués... Tout le monde est convaincu
« maintenant que la religion, après avoir été si
« longtemps méprisée par ces peuples, brillera parmi
« eux de son ancien éclat et que cette province four-
« nira bientôt des armes pour écraser la Babylone
« moderne (1). »

Les protestants, par contre, furent profondément
affligés. Ils comprirent que cette conversion allait
nuire à leur cause et, pour en arrêter l'effet, ils répandirent le bruit que l'avocat Poncet, en punition
de sa défection, était cruellement tourmenté par le
diable et que François employait des nuits entières à
faire sur lui des exorcismes.

Immédiatement après cette première et brillante
conquête, François, laissant à Thonon son cousin
Louis, quitta le Chablais pour se rendre au château
de Sales, où sa pieuse mère et son vieux père le ser-
rèrent dans leurs bras avec une joie impossible à dé-
crire.

Il reçut un semblable accueil de l'évêque et des
chanoines ses confrères. Il était depuis quelques
jours au milieu d'eux, lorsque la cure de Corsier-
Anières, devenue vacante par la démission de son

(1) Lettre du 27 mars. MIGNE, VI, 511. Migne donne à cette
lettre la date de 1596 : c'est une erreur manifeste.

frère Gallois (1), fut mise au concours (11 mai) ; il se présenta et l'obtint (2).

* Aux fêtes de la Pentecôte (14-15 mai), le saint prêcha plusieurs fois à la foule avide de l'entendre ; le mercredi soir, il se rendit à Sales, où l'appelait son père (3), et revint à Annecy pour la Fête-Dieu.

Ce jour-là — 25 mai — Dieu voulut récompenser son serviteur par une grâce extraordinaire. Descendu à l'église de grand matin, ce dernier s'abîmait dans une profonde méditation devant le Saint-Sacrement, lorsqu'il sentit tout à coup son âme inondée d'une abondance de grâces telle que, n'en pouvant soutenir le poids, il tomba sur le pavé. « Retenez, Sei- « gneur, s'écria-t-il, retenez les flots de votre grâce ; « éloignez-vous de moi, parce qu'il m'est impossible de « supporter le torrent de vos consolations ; » puis se relevant, il s'en alla célébrer la sainte messe, monta ensuite en chaire et prêcha avec tant d'onction et de

---

(1) Gallois avait obtenu cette cure en 1591, n'étant que simple clerc. Ayant renoncé à recevoir les ordres sacrés, Gallois résigna son bénéfice et la stalle qu'il possédait à la cathédrale ; puis se maria, eut une nombreuse famille et mourut saintement en 1614.

(2) Archives de l'évêché. Ces paroisses étant encore protestantes, le titre de curé pouvait seulement permettre au prévôt de percevoir les revenus non aliénés ; mais nous savons par une de ses lettres que trois ans plus tard il n'en avait encore rien tiré. (MIGNE, VI, 562.)

(3) J. Vuy, *La Philothée*, II. 273.

véhémence, qu'on croyait voir des traits de flamme
s'échapper de son visage tout embrasé de l'amour
divin.

* L'Octave étant passée, François regagna son
cher Thonon, où, en peu de temps, il eut la joie de
recevoir dans le sein de l'Eglise sept nouveaux convertis (1).

Ces joies, hélas ! étaient bien mêlées d'amertume.
Le duc, absorbé par la guerre avec la France, ne
s'occupait nullement du missionnaire qu'il avait envoyé en Chablais ; en sorte que le prévôt vivait aux
dépens de sa famille, par le moyen de l'argent
que sa bonne mère lui faisait tenir à l'insu de M. de
Sales. Les employés ducaux, le baron d'Hermance et
Claude Marin exceptés, montraient la plus complète
indifférence. De leur côté, la masse des habitants, re-
tenus par la crainte d'un retour des Bernois ou des
Genevois, déclaraient hautement que jamais ils n'em-
brasseraient la religion catholique.

François, ne trouvant pas d'appui dans les hommes, recourut avec plus de confiance à Celle qui, de
son pied virginal, écrasa de tout temps le démon de
l'hérésie. Il se rendit, le 1er juillet, en pèlerinage

(1) Lettre du saint au P. Canisius, de juin 1595. (MIGNE, VI.
490.)

sur la montagne des Voirons, pour y prier sur les ruines du célèbre ermitage élevé jadis, par un sire de Langin, en l'honneur de la Visitation de Notre-Dame, et détruit par les Bernois. Le lendemain, jour de la fête, il fut troublé dans ses dévotions par des hérétiques qui, l'ayant reconnu, l'accablèrent d'outrages et l'auraient immolé à leur fureur, s'il ne s'était dérobé par une prompte fuite. Il déclara lui-même qu'il ne devait son salut en cette circonstance qu'à une protection spéciale de la sainte Vierge, et qu'il avait bien sujet de s'humilier de n'avoir pas été jugé digne de verser son sang pour le service de Jésus-Christ et de sa Mère.

* En rentrant à Thonon, François apprit que l'un des catholiques de la ville était malade et, prévoyant qu'il serait obligé de lui porter le Saint Viatique, il fit faire une petite boite d'argent doré avec des chainettes de même (1). Dès lors, quand il portait le Saint-Sacrement, il cachait cette boite sous son manteau et marchait très gravement, sans saluer personne. A ce signe, les catholiques le suivaient à une distance respectueuse, et l'accompagnaient jusque dans la maison du malade. Un jour qu'il allait de la sorte administrer une personne, le procureur fiscal l'aborda et lui parla d'affaires : « Je porte le Roi des

(1) *Année Sainte*, au 4 juillet.

Rois et le Seigneur des Seigneurs, lui dit François à voix basse. Retirez-vous un peu. Nous parlerons de vos affaires une autre fois. » Dans ces circonstances, le pieux prévôt sentait son cœur brûlant des flammes de l'amour divin et pouvait à peine retenir ses larmes. « Mon bien-aimé est à moi, soupirait-il, il demeurera sur mon sein. O Reine du ciel, ô chaste tourterelle, comment se fait-il que votre Fils ait choisi ma poitrine pour le lieu de son repos ?... »

Depuis le pèlerinage de François aux Voirons, ses efforts parurent bénis du ciel. Les protestants commencèrent, en dépit de la défense du Consistoire, de venir à ses instructions. Le jour de saint Alexis (17 juillet), plusieurs d'entre eux, vivement impressionnés par ses paroles, manifestèrent même l'intention de se convertir. Les autres, par suite, écumèrent de rage et proférèrent contre lui des menaces si terribles, qu'il jugea prudent de ne pas remonter ce soir-là aux Allinges, et passa la nuit dans la maison du procureur fiscal.

Son sermon du lendemain, 18 juillet, sur l'invocation des saints eut encore plus de retentissement ; aussi des sectaires résolurent-ils de se défaire de lui. Le soir même, comme il remontait aux Allinges en compagnie de Rolland et de deux catholiques qui avaient obtenu de lui faire escorte, voilà que tout à

coup, sortant d'une embuscade, deux hommes se pré-
cipitent vers lui l'épée nue à la main. A cette vue,
Rolland et ses compagnons dégainent en toute hâte ;
mais lui : « Remettez vos épées dans le fourreau »,
dit-il ; puis marchant droit aux assassins, il les aborde
avec des paroles si douces, un visage si majestueux,
que ces hommes, tout honteux de leur dessein, abais-
sent leurs armes et se jettent à ses pieds pour lui demander pardon.

Le baron d'Hermance, averti de cet attentat, lui
offrit une escorte ; il refusa nettement. « Saint Paul
« et les apôtres, dit-il, ne se sont point servis de
« soldats, ni de gardes ; ils n'ont employé pour sou-
« mettre l'univers que la seule épée de la parolle
« de Dieu. Luther et Calvin ont planté leurs hé-
« résies par la force : c'est ainsi qu'on les a in-
« troduites dans le Chablais ; je veux les en arra-
« cher par la seule parolle de Dieu qui peut, sans
« secours humain, briser les cèdres et rendre fer-
« tile le désert de Cadès. Du reste, si Dieu me fait
« la grâce d'endurer la mort pour soustenir la
« doctrine que je « presche, ce me sera chose très-
« glorieuse. »

Le gouverneur, ne sachant que répondre à ce
discours, n'insista pas davantage ; mais il donna
ordre que désormais quatre ou cinq soldats le
suivissent de loin, quand il descendrait à Thonon

ou ailleurs, et retournassent le soir au-devant de lui (1).

George Rolland avertit également M. de Boisy, qui fit au prévôt d'amers reproches sur sa témérité. « Mon très honoré père, répondit le saint, si Rolland « était votre fils aussi bien qu'il n'est que votre va- « let, il n'aurait pas eu la couardise pour un si petit « choc et n'en ferait pas le bruit d'une bataille. Nul « ne peut douter de la mauvaise volonté de nos ad- « versaires ; mais aussi vous fait-on tort quand on « doute de notre courage. Par la grâce de Dieu, « nous savons que celui qui persévèrera sera sauvé... « et que les moments de nos combats et de nos tri- « bulations opèrent le prix d'une gloire éternelle. »

Le père insiste : « Votre zèle, écrivait-il, ne peut « aboutir à rien de bon. Je vous conjure de faire « cesser au plus tôt nos inquiétudes et nos alarmes « et de vous rendre à votre famille, surtout à votre « mère qui meurt de douleur de ne vous point voir « et de crainte de vous perdre tout à fait. Mais si « mes prières ne servaient de rien, en qualité de « père je vous ordonne de revenir ici incessamment. »

— François répond qu'il s'en remet à la décision de

(1) D'après Charles-Auguste, cette charge fut spécialement confiée au sergent du Mullin, à Daniel Nicoud et à Louis Gravier. Suivant la tradition locale, François fut attaqué près du ruisseau de Pamphuaz, sous le village des Allinges.

l'évêque de qui il tient sa mission. M. de Boisy descend aussitôt auprès de Mgr de Granier et le conjure de rappeler son fils. En vain l'évêque lui représente qu'il serait peu honorable de *jeter la faucille au moment de cueillir la moisson*; en vain le président Favre, qui était présent à l'audience, suggère-t-il de s'en remettre au jugement et à la discrétion de François, le père insiste avec tant de force que l'on décide de rappeler celui-ci (1).

Cependant l'évêque revint de sa décision et François continua son apostolat. Bien plus, il résolut alors d'abandonner le fort des Allinges et de s'établir à Thonon même, dans la maison que lui offrait Mme du Foug, située rue de Vallon : ce qu'il fit à la grande joie des catholiques.

------

(1) Voir ces lettres dans Migne, VI, 481 et V, 306, 309.

CHAPITRE VI.

François se fixe à Thonon.

Une fois fixé dans la ville, le jeune prévôt eut sur les habitants une action plus décisive, et vit les protestants venir toujours plus nombreux à ses prédications (1).

* Obligé de quitter un instant son cher troupeau pour aller assister aux funérailles de Charles-Emmanuel, duc de Nemours, mort à Annecy le 15 du mois d'août, puis au mariage de sa sœur Gasparde avec M. de Cornillon qui eut lieu à Thorens le 23 du même mois (2), il se hâta de revenir à ses travaux.

* Outre les instructions qu'il donnait le dimanche, et même pendant la semaine, dans l'église de Saint-

(1) *Année Sainte,* au 9 août.
(2) J. Vuy. *La Philothée*, II, p. xxvi. La présence de François aux funérailles du duc de Nemours n'est pas absolument sûre ; elle est fort probable.

Hippolyte ; outre les entretiens qu'il avait avec les nouveaux convertis et quelques néophytes, François visitait assidûment les malades et les pauvres à qui, malgré la modicité de ses propres ressources, il distribuait d'abondantes aumônes. Il parcourait aussi la campagne, portant parfois ses pas jusqu'à Douvaine où demeurait Michel de Foras, son parent et, bien que protestant, ami de la famille de Sales, jusqu'à Veigy dont le seigneur était catholique, ou même à Corsier dont il était curé (1). Il allait ainsi prêchant plusieurs fois le jour ; bravant le soleil et la pluie, le sommeil et la fatigue, les mépris et les injures.

De temps en temps la nuit le surprenait dans ses courses. Un soir, avec son fidèle Rolland, il s'égara au milieu d'une forêt. Marchant à tâtons, ils errèrent longtemps de côté et d'autre ; enfin ils rencontrèrent des débris de muraille qu'ils reconnurent être les ruines d'une église ; et comme il restait encore quelques parties du toit qui pouvait les abriter contre les injures de l'air, ils résolurent d'attendre le jour

(1) P. de Grilly, seigneur de Veigy et de Villelagrand, avait récemment épousé la demoiselle Suchet, dont on avait offert la main à François de Sales. — Michel de Foras, lui, quoique protestant, aimait à rendre service à l'apôtre du Chablais, son cousin (dépos. de René Favre) ; il n'était donc pas *son adversaire déclaré*, comme le prétendait récemment un écrivain genevois.

dans cet asile. Le saint apôtre s'assit sur ces pierres couvertes de mousse, comme autrefois Jérémie sur les ruines de Jérusalem, et là, dans les sentiments d'une tendre piété, appliquant à la circonstance plusieurs beaux passages de l'Ecriture : « O temple, s'écrie-t-il, à quel des saincts que tu sois dédié, j'adore en tes masures le Dieu qui vit ès siècles des siècles, et son Fils Unique Nostre-Seigneur Jésus-Christ qui, ayant tant souffert pour moy, m'a aussi donné l'exemple de souffrir pour luy. Levez-vous d'icy, fougueux Aquilon, et venez, vent du midy, soufflez dans ce jardin pour en faire couler les aromates (c'est-à-dire pour y faire croître les vertus). Seigneur, bénissez nos desseins, envoyez vostre sainct Esprit dans les cœurs de ces pauvres peuples et allumez en eux le feu de vostre amour. Faites, par votre miséricorde, que les murs de Jérusalem soyent édifiez ; alors vous y recevrez le sacrifice de justice et l'holocauste de l'Agneau sans tache. » Après s'être livré à ces pieuses réflexions, il s'endormit jusqu'à ce que, le jour étant venu, il fut réveillé par G. Rolland.

Il coucha de même plus d'une fois dans le bois de la Rochette (1).

Quand il rentrait chez lui après des journées si

____

(1) **Dépos.** de François Favre, qui fut plus tard domestique du saint.

bien employées, le saint homme consacrait encore une partie de la nuit à la prière et à l'étude. Un soir qu'il veillait ainsi, il entendit le bruit de gens qui essayaient de pénétrer dans la maison. Devinant qu'on en voulait à sa vie, il sort aussitôt de sa chambre et se retire dans une cachette que lui avait préparée la bonne veuve du Foug. Les assassins entrent et fouillent coins et recoins sans pouvoir le trouver. Furieux de voir leur victime leur échapper toujours, les ennemis du saint crièrent plus haut que jamais que c'était un sorcier, un magicien, un enchanteur. On suscita même un homme du peuple qui jura de l'avoir vu au *sabbat* et s'offrant à être pendu si l'on ne trouvait pas sur son corps quelque marque du diable. Certaines gens ignorantes et crédules étaient d'avis qu'il fallait brûler ce sorcier. François, averti de ces propos par les siens, ne put s'empêcher de rire, et faisant un grand signe de croix sur lui : « Voicy, dit-il, toute ma marque et tous mes charmes ; avec ce puissant signe je m'assubjectis les diables, je chasse les tempestes de l'air, les frayeurs nocturnes et les embûches qu'on me dresse dans les ténèbres. Estant muny de ce signe, je n'auray point peur ; si des armées entières se rangent contre moy, c'est en ce signe que j'espèrerai. »

* Il continua donc de prêcher avec zèle et un certain succès. Aussi écrivait-il vers cette époque à son

ami, le sénateur Favre : « Mon frère, nous com-
« mençons d'avoir une ouverture fort ample et fort
« aggreable à nostre moisson chrestienne ; car il s'en
« manqua fort peu hier que monsieur d'Avully et
« les syndiques de la ville ne vinssent ouvertement
« à ma predication, parcequ'ils avoyent oüy dire que
« je devois disputer du tres auguste Sacrement de
« l'Eucharistie ; sur lequel mystere ils avoyent une
« si grande envie d'entendre de ma bouche le senti-
« ment et les raisons des catholiques que ceux qui
« n'oserent pas encore venir publiquement... m'en-
« tendirent d'un certain lieu secret. Or... j'ay pro-
« mis qu'a la predication suivante je preuverois
« plus clairement qu'en plein midy la doctrine des
« catholiques par les sainctes Escritures... Messieurs
« de Tonon ont resolu en commun conseil de nous
« presenter par escrit la confession de leur foy, afin
« que s'il y a quelque chose differente de la nostre
« nous peussions en traicter familierement et en dis-
« cours particulier... » Puisqu'ils viennent à parle-
menter, conclut-il, ils ne tarderont pas à se rendre (1).

* De temps à autre, du reste, le vaillant missionnaire recevait de son ami soit des lettres affectueuses
qui l'encourageaient à la persévérance, soit des poé-

______

(1) MIGNE, V, 325,

sies sur les points de controverse, par exemple sur la pénitence et la sainte Eucharistie, et François les communiquait aux bourgeois de Thonon (notamment à Me Desprez) qui les lisaient avec plaisir. Le savant jurisconsulte lui dédia même (18 novembre) son XIIe livre des *Conjectures,* en disant que « son plus vif désir, était de faire connaître au monde entier que jamais personne ne l'a plus aimé et n'a fait plus de cas de son amitié » (1). Ces encouragements lui étaient d'autant plus utiles que, vers cette époque (20 novembre), le prévôt eut la douleur de perdre le vaillant baron d'Hermance, son protecteur.

Mais c'est dans ses entretiens avec Dieu, surtout au saint autel, que François puisait la force et le courage. Chaque matin, il allait dire la messe à la chapelle Saint-Etienne de Marin, distante d'une demi-heure de marche environ (2).

Quelquefois cependant il allait célébrer au château des Allinges, pour avoir l'occasion de voir et d'entretenir dans leurs bonnes dispositions les braves

(1) Lettres des 25 octobre, 25 novembre et 3 décembre. MIGNE, VI, 491, 495, 896 ; V, 335.

(2) Cette chapelle, qui s'élève sur la rive droite de la Dranse, à deux pas en dessus du château de Blonay, sur les limites de la paroisse de Marin, fut anciennement une église annexe. Abandonnée depuis la Révolution, elle a été restaurée et rendue au culte en 1857, grâce à M. l'abbé Requet, secondé par les habitants et notamment par M. Delalex, curé de Minzier.

militaires qui y étaient en garnison. De là, il descendait à l'église paroissiale ; il y prêchait (1), confessait et communiait même avec la réserve apportée de la chapelle du fort. Un jour qu'il y remplissait ces diverses fonctions, un bon vieillard, qui avait communié le matin, se présenta de nouveau à la table sainte pour participer encore aux délices sacrées qu'il y avait goûtées. « Mon ami, lui dit le saint, on ne peut communier deux fois le même jour, allez, revenez demain et je contenterai votre désir. »

François se rendit dans cette église le lendemain de Noël et, selon sa coutume, appela les habitants par le son de la cloche. Comme il faisait un temps fort mauvais, sept personnes seulement y vinrent, parmi lesquelles un nouveau converti de Thonon, qui exerçait les fonctions de procureur. En voyant un si petit auditoire, cet homme se dit à lui-même : « Si M. le prévôt ne prêche que pour Dieu, il fera tout de même son instruction ; mais s'il prêche pour sa propre gloire, il ne parlera point. » Sans se douter de cela, le prévôt monte en chaire, et développe avec autant de clarté que de solidité la doctrine catholique sur l'invocation des saints.

Tout à coup il voit le procureur pleurer et sou-

(1) L'église d'Allinges possède encore la chaire du haut de laquelle le saint prêchait.

pirer très haut. — Etes-vous malade ? lui dit-il. Avez-vous besoin de secours ? — *Non, répondit le procureur, continuez, je vous prie, de prêcher ; votre sermon est précisément le remède qu'il me faut.* — Le discours fini, il vint se jeter aux pieds du prédicateur, criant tout haut : « M. le prévôt, M. le prévôt, vous m'avez rendu la vie, vous avez sauvé mon âme aujourd'hui. Ah ! bénie soit l'heure où je vous ai entendu ! cette heure me vaudra une éternité. » Il raconta ensuite qu'un ministre était venu à bout de lui persuader que l'invocation des saints était une idolâtrie, qu'il avait même pris jour au jeudi suivant pour lui faire abjurer la religion catholique, mais que le sermon du prévôt l'avait pleinement détrompé. — François se plaisait dans la suite à raconter ce fait, afin de prouver qu'on ne doit jamais s'abstenir de prêcher, quel que soit le nombre des auditeurs.

La renommée des travaux et des succès de François étant parvenue jusqu'à Turin, le duc lui fit demander quels seraient les moyens les plus propres à hâter la conversion du Chablais. Par une lettre du 29 décembre, le prévôt lui répondit, qu'il fallait :

Inviter officiellement les bourgeois de Thonon à écouter les instructions des missionnaires, et priver au besoin les récalcitrants de leurs charges ; ériger un collège de Jésuites en cette ville, établir un revenu suffisant pour entretenir plusieurs prédicateurs qui iraient prêcher la parole divine en divers lieux ; enfin relever les églises, surtout celles de Thonon et des Allinges, « vu qu'en l'un et en l'autre lieu il y a là bon nombre de catholiques et plusieurs autres bien disposez qui, faute de commodités spirituelles, se vont perdant... » « Il y a de la dépense en ceste poursuicte, ajoute le bon saint, mais c'est aussy le suprême grade de l'aumosne chrétienne que de procurer le salut des âmes » (1).

1596. * Pendant que cette lettre prenait le chemin de Turin, François fit un voyage jusqu'à Thorens pour y tenir sur les fonts baptismaux (2) une enfant de son cousin Gaspard de Sales, à laquelle il donna son nom (16 janvier).

A son retour, il trouva emportée par les eaux une des arches du pont de la Dranse qu'il était obligé de traverser pour aller à la chapelle de Saint-Etienne. Une longue pièce de bois, posée là provisoirement, formait un passage étroit et d'autant plus périlleux qu'il était couvert de glace. N'importe : chaque matin, François, plutôt que de s'abstenir de célébrer la sainte messe, traverse la rivière sur cette poutre en se traînant sur les mains et les genoux. Quelque

(1) MIGNE, VI, 499.
(2) Reg. par. de Thorens. Cette enfant mourut visitandine en 1652.

temps après, le pont fut rétabli ; mais, afin de prévenir le retour de difficultés semblables, le gouverneur des Allinges fit réparer la chapelle de l'ancienne maison de Montjoux, située à Rive sur les bords du lac (1).

____

(1) C'est dans cette chapelle que François célébra la sainte messe le reste de l'année. La maison de Montjoux, ainsi nommée parce qu'elle appartenait aux religieux du Grand Saint-Bernard, existe encore ; mais la chapelle, dans laquelle le saint a tant prié pour la conversion du Chablais, est livrée à des usages profanes.

CHAPITRE VII.

Nombreuses conversions.

1596 (*suite*). Le courage intrépide du missionnaire, sa modestie, sa douceur inaltérable, ses austérités et ses travaux excitèrent de plus en plu^s
l'admiration du peuple et provoquèrent un mouvement profond vers le catholicisme. Quelques personnes se convertissent dans la ville ; quatre ou cinq paroisses de la campagne demandent des prêtres (1).

Les prédications que François fit pendant le carême,
soit à Thonon soit dans les villages voisins, accéle -
rèrent le mouvement. Le 19 mars, il écrivait au duc
que « si on dressait promptement l'église à Thonon
et quelques autres lieux, on verroit dans peu de
mois le général (la grande partie) de tout le pays

(1) Lettre du 19 février. MIGNE, V, 353.

reduict ». Dans la ville, ils sont ébranlés et de la campagne « ils sont venus de dix ou douze paroisses pour qu'on leur donnât l'exercice de la foi catholique » (1). Il écrivit la même chose au nonce, en le priant d'agir auprès de S. A. afin d'en obtenir les ordres et les ressources nécessaires. (PERATÉ.)

Ces succès enhardirent le fervent apôtre. Un jour de marché, il se rendit au milieu de la place, et là, monté sur une chaise, il prêcha deux heures de suite avec tant d'éloquence et de zèle que la foule cessa le négoce et demeura en silence pour l'écouter. A la fin du discours, beaucoup s'en allaient en disant : *Ah! que Dieu nous mette du bon côté.*

Du reste, le prévôt ne manquait pas, après avoir établi sa thèse, de défier les ministres d'y rien répondre. Les protestants, honteux et confus, se plaignirent à Viret et lui dirent que tout était perdu s'il reculait plus longtemps. Viret assembla ses collègues qui décidèrent de proposer à François de Sales une conférence publique, espérant bien qu'il n'oserait l'accepter. Malheureusement, le prévôt répondit qu'il l'acceptait avec joie. Il n'y avait plus moyen de reculer. Les ministres s'assemblèrent donc à nouveau pour régler les matières qu'ils auraient à traiter dans la dispute et pour rédiger leur profession de

(1) MIGNE, VI, 507.

foi ; mais comme il y avait parmi eux autant d'opinions que de têtes, ils ne purent jamais s'entendre sur ce dernier article.

Cependant le jour fixé arriva, et toute la ville de Thonon accourut à cette conférence avec une vive curiosité. François vint le premier ; on attendait impatiemment les ministres, lorsque Viret s'avance pour déclarer que lui et ses confrères ne jugeaient pas à propos d'entreprendre une affaire de cette importance sans l'autorisation ducale. François répondit en souriant que ce n'était là qu'un prétexte ; mais que, du reste, il se faisait fort d'obtenir la permission demandée. En effet, le baron de Lambert, en sa qualité de gouverneur de la province, accorda aussitôt une autorisation en due forme de tenir une dispute publique. Mais les ministres alléguèrent de nouveaux prétextes qui ne trompèrent personne.

On ne saurait croire combien cette conduite nuisit à leur cause. Les nouveaux catholiques en furent affermis dans leurs croyances ; tandis que les protestants furent grandement ébranlés.

A ces consolations, Dieu en ajoutait de plus grandes. Le vendredi de la semaine de Pâques (19 avril), pendant que le serviteur de Dieu faisait oraison, il se sentit consumé d'un désir si ardent de s'immoler pour la gloire de Dieu et pour la conversion des hérétiques, qu'il écrivit lui-même, au sujet

de cette faveur du ciel, sur un billet trouvé après sa
mort : « Il me semble que mon zèle s'est changé en
« une fureur pour mon bien-aimé : *Amor meus,*
« *furor meus.*

> « Est-ce l'amour ou la fureur
> « Qui me presse, ô Dieu de mon cœur ?
> « Oui, mon Dieu, ce sont tous les deux,
> « Car je brûle quand je vous veux. »

Deux ou trois jours après, François se rendit
au synode, qui dut avoir lieu le mercredi de Quasimodo (24 avril), avec l'intention d'y demander des
aides. D'Annecy, écrivant au nonce (6 mai) pour le
remercier de lui avoir obtenu la permission de lire les
livres à l'index : « Je ne puis, disait-il, vous donner la
liste des convertis du Chablais, je l'ai laissée à Thonon ; mais si on m'envoie un nombre suffisant de
prédicateurs, j'espère vous donner bientôt de très
joyeuses nouvelles. » (PERATÉ.)

Ces prédicateurs, François espérait les obtenir de
S. A., dont on avait annoncé l'arrivée à Chambéry :
en attendant, il va passer quelques jours au manoir
paternel. Mais il s'ennuie vite, loin de ses chers néophytes. Le 10 mai, il écrivait à un gentilhomme :
« Je languis en cette si longue attente de S. A. ; si
elle ne vient pas la semaine prochaine, j'iray l'at-

tendre à Thonon. Cependant, j'y ai envoyé mon cousin » (1).

* En effet, il revint de suite à Thonon, y prêcha le dimanche suivant et partit le lendemain, à pied, pour Saint-Claude (Jura), où il se rendait en pèlerinage en compagnie de plusieurs personnes, entre autres, de Mme du Foug (2).

De retour à Thonon, François continua ses travaux apostoliques. A ses courses, à ses prédications dans l'église, il ajoutait maintenant les catéchismes, qu'il faisait dans des maisons particulières, soit aux néophytes, soit aux nouveaux convertis, dont le nombre augmentait peu à peu. Comme certains de ceux-là étaient pauvres et se trouvaient en butte aux vexations de leurs anciens coreligionnaires, il les envoyait tantôt à M. de Blonay, seigneur de Saint-Paul, tantôt au château de Sales où sa bonne mère les accueillait, les instruisait et pourvoyait à leurs besoins. Parfois aussi, il recourait aux dialogues ou conférences, qui avaient le mérite d'offrir au peuple l'attrait de la nouveauté. Ayant reçu dans le courant de juillet la visite de ses deux jeunes frères, il fit apprendre à Bernard, l'un d'eux, une partie d'un

(1) Migne, VI, 519.
(2) Id., VI, 558, 627. La première de ces lettres est de 1596, puisque Favre, son destinataire, n'était pas encore président.

dialogue sur les devoirs qu'impose le nom de chrétien, et il annonça au peuple que le lendemain, **une conférence** aurait lieu dans l'église de Saint-Hippolyte. Catholiques et protestants s'y rendirent **en grand** nombre et se montrèrent fort attentifs jusqu'à la fin (1).

Ces succès partiels ne suffisaient pas au zélé missionnaire. Il comprenait que, pour entraîner la foule retenue par le respect humain ou la crainte, il fallait que l'exemple partît de haut : aussi n'épargnait-il ni sollicitations ni prières pour vaincre les hésitations du baron d'Avully.

*A la fin, ce dernier, cédant à la voix de sa conscience non moins qu'aux vœux de son épouse et du prévôt, résolut de rompre ouvertement avec l'hérésie. Ne voulant pas cependant, par un reste de prudence ou de condescendance pour ses anciens amis, que la cérémonie eût lieu à Thonon, il se rendit à Turin. Là, le 26 août, il fit solennellement profession de la religion catholique, en présence de l'inquisiteur de la foi, et reçut ensuite la communion des mains du nonce, qui, le même jour, en informa le cardinal de Santa-Severina (2).

Le pape, tout heureux de cet évènement, adressa,

(1) *Année Sainte*, 16 juillet.
(2) PERATÉ, page 11.

quelques semaines plus tard, à ce nouvel enfant de l'Eglise un bref très élogieux dans lequel, après l'avoir félicité de son retour au vrai bercail, il lui dit : « Allez, mon fils, et racontez les merveilles que « Dieu vous a faictes ; et puisque par cy devant « vous persécutiez l'Eglise de Dieu avec Saul, main- « tenant taschez de l'edifier et deffendre, selon vostre « pouvoir, avec sainct Paul » (1).

Si la nouvelle de cette conversion causa une grande joie dans le camp des catholiques, elle fit pousser des cris de rage chez les protestants. Averti par d'Avully lui-même, Viret en informa Théodore de Bèze, qui était alors le chef incontesté du calvinisme. Bèze fit à d'Avully les plus amers reproches sur sa *défection,* et lui demanda pour quels motifs il avait *fait naufrage dans la foi.* Ce dernier répondit par un vigoureux exposé des principaux points de la doctrine catholique, dont il envoya un exemplaire à Genève, un autre au nonce (2).

Le ministre La Faye, qui tenait à Genève le premier rang après Bèze, s'efforça de prouver au baron d'Avully qu'on l'avait trompé, s'offrant d'aller à

(1) MIGNE, V, 334. Ce bref étant du 20 septembre, les biographes du saint auraient dû éviter de fixer au 4 octobre la conversion du baron d'Avully. Ils ont confondu le père avec le fils.

(2) Voir la lettre du baron au nonce, à la date du 30 octobre. (PERATÉ).

Thonon démontrer à François de Sales lui-même, en
sa présence, la faiblesse des raisons alléguées par lui
en faveur de l'Eglise romaine. Le baron le prit au
mot et en avertit François... Mais les jours se passent
et le ministre ne paraît point. Le baron va le sommer
de tenir sa parole, il n'en reçoit que des réponses
évasives. Alors François décide d'aller lui-même à
Genève proposer la conférence à La Faye. Accompagné du baron, du chanoine Louis de Sales, son
cousin, de l'avocat Ducrest, du premier syndic,
Pierre Fournier, et de quelques autres bourgeois de
Thonon, il parait tout à coup devant le ministre qui,
cette fois, dut accepter le défi. La dispute eut lieu, en
présence de la foule, sur la place du Molard. Elle
dura pendant trois heures, et roula sur l'unité de
l'Eglise, sur l'Eucharistie et la messe, sur le purgatoire, enfin sur les bonnes œuvres et le culte des
saints. Serré de près par son adversaire, poussé de
retranchement en retranchement, « réduit aux ânes »,
pour employer l'expression de Charles-Auguste de
Sales, le ministre entra dans une violente colère et
se mit à vomir un torrent d'injures contre François,
dont la patience et la douceur ne se démentirent
point (1).

    * Cette victoire, remportée par le champion de

(1) Déposition de Jacqueline Coste, présente à la dispute, etc.

l'Eglise catholique dans la capitale de l'hérésie, eut des résultats excellents. Plusieurs protestants de condition très honorable embrassèrent la vraie foi. Citons entre autres : Gabriel d'Avully qui, suivant de près l'exemple de son père, fit son abjuration dans l'église d'Abondance le 4 du mois d'octobre (1) ; noble Ferdinand de Prez, son oncle, Jean Sage, de Draillant, Anselme Duchesne, de Margencel, André Ducrest, de Machilly, Jacq. Perrin et L. Carrel, de Montigny, Guillaume Cochon, des Allinges, etc. Beaucoup d'autres « *permulti* » se livrèrent à l'étude des saints pères et se montraient disposés à rentrer dans le giron de l'Eglise romaine (2). Parmi ces derniers, se trouvait un ministre protestant, nommé Pierre Petit, qui avait exercé pendant deux ans à Choulex et qui, déposé par le Consistoire pour des fautes vraies ou supposées, était venu récemment se réfugier à Thonon.

---

(1) Migne, IX, 41.
(2) Peraté, page 13.

CHAPITRE VIII.

François dresse un autel dans l'église de Thonon.

1596 *(suite)*. * Informé de ce grand mouvement des âmes, le duc manda François de Sales à sa cour. Celui-ci partit à cheval dans les *premiers jours d'octobre,* suivi de son fidèle Rolland, et, traversant le Grand-Saint-Bernard où il faillit périr dans une tourmente, il arriva bientôt à Turin. Le nonce le logea chez lui et lui fit « toutes les caresses possibles ». Le prince le reçut avec joie et lui demanda, en présence du nonce et de son conseil, quels moyens il jugeait plus propres à faciliter la conversion du Chablais.

François répond qu'il fallait : rétablir dans la province seize à dix-huit paroisses qui seraient desservies chacune par un curé aidé d'un vicaire, et y entretenir huit prédicateurs qui iraient d'un lieu à un autre porter la divine parole ; relativement à Thonon, il fallait inviter officiellement les bourgeois à entendre les missionnaires catholiques, réparer immédiatement l'église dans laquelle il se propose de dire bientôt la sainte messe, y mettre un clergé d'au moins sept prêtres, remplacer au collège le régent protestant par un catholique, en attendant qu'on pût y introduire des Jésuites ; enfin éloigner, si possible, le ministre calviniste qu'on reléguerait dans un endroit écarté. Il lui recommande en même temps sept ou huit personnes pauvres et âgées qui, vivant depuis longtemps au milieu des hérétiques, s'étaient montrées inviolablement attachées à la vraie foi, et le prie d'exempter pendant cinq ans de toutes tailles et de tous subsides les habitants de Mezinge, dont les maisons avaient été brûlées par les officiers de S. A. dans l'intérêt de la défense du fort des Allinges, et qui rentraient en masse dans le giron de l'Eglise.

Pour toutes ces dépenses, on pourrait prendre les pensions que l'on servait autrefois aux ministres protestants, et, au besoin, les revenus des anciens bénéfices que le pape avait jadis concédés provisoirement aux chevaliers des SS. Maurice et Lazare, ou bien les aumônes que, de temps immémorial, on distribuait chaque année à Ripaille et à Filly.

Le duc promit de rétablir de suite une douzaine de paroisses et d'entretenir quatre ou six prédicateurs.

5.

François, plein d'espoir, reprit aussitôt le chemin de son pays : il traversa le Petit Saint-Bernard ; puis, évitant Annecy de peur d'y trouver la peste et d'être obligé à faire la *quarantaine,* il se rendit immédiatement au château de Sales, afin d'y attendre les lettres patentes de S. A.

Hélas! ces lettres ne venaient point et les chevaliers des SS. Maurice et Lazare refusaient de se dépouiller de leurs bénéfices. Aussi, le 14 novembre, le prévôt impatient écrivait au nonce : « Le retard « de la paix me fait craindre que le duc ne diffère « l'assistance que l'on doit donner aux âmes du « Chablais ; et, ne sachant de quel côté me tourner, « je supplie très humblement Sa Seigneurie, pour « l'amour de Dieu, de ne point permettre que je « passe ici l'Avent sans voir Notre-Seigneur venir « dans ces contrées. Daignez de faire tous vos efforts « pour procurer que l'exercice du culte catholique se « commence au moins dans trois ou quatre lieux si « l'on ne peut obtenir davantage. C'est toujours « beaucoup de commencer... Je suis sur le point « d'aller à Thonon, bien que je sois certain d'être la « risée de nos ennemis jusqu'à l'arrivée des ordres « de S. A. » (1).

Peu de jours après, en effet, il regagna Thonon.

(1) MIGNE, VI. 902.

Comme il l'avait prévu, les protestants, le voyant revenir sans pouvoirs de S. A , ne lui épargnèrent ni railleries ni sarcasmes. Il ne continua pas moins ses travaux apostoliques et Dieu bénit à tel point son zèle et celui du baron d'Avully, qui l'aidait de son mieux, qu'en deux ou trois semaines il eut la consolation de recevoir l'abjuration de quatre-vingts personnes « grandes ou petites » (1).

Il apprit vers ce même temps que Charles-Emmanuel avait donné l'ordre de lui payer la somme de 300 écus pour couvrir les dépenses qu'il avait faites depuis le commencement de sa mission.

Cependant Noël approchait, et François voulait, ce jour-là, dire la messe à Saint-Hippolyte.

* Il fit part de son projet aux syndics (2) ; ceux ci

(1) « *Da che son ritornato, cosi vuoto di espedittioni necessarie per quest' opera, son stato la burla di questi Infedeli, e nondimeno si sonno guadagnate da ottant' Anime fra piccoli e grandi.* » (Lettre au nonce du 12 décembre.) Migne, VI, 903 ; Peraté, 17.

(2) Au nombre de ces syndics devaient figurer : n° Pierre Fournier et N. Vernaz. Ce dernier, étant allé à Chambéry peu de jours après, afin de protester contre une imposition qu'on voulait mettre sur la gabelle du sel, François de Sales craignit qu'il ne réclamât contre l'érection de l'autel, et il en écrivit à son ami Favre, qui lui fit cette réponse : « M. Jacob m'a dit n'avoir ouï aucune plainte de vous, ni deçà ni delà les monts ; au contraire, toutes les voix du monde sont favorables à votre réputation — (estant) bien resolu, si quelqu'un de ces messieurs vient à se plaindre, de lui bien laver la tête sans lavoir. » 9 janvier 1597, Migne, VI, 537.

protestèrent, disant que c'était contraire à la liberté de conscience que leur avait assurée le traité de Nyon (1). François répondit qu'en célébrant la messe dans l'église, il ne violerait la liberté de personne. « Du reste, ajouta-t-il, écrivez à S. A., je lui écrirai de mon côté ; mais je vous préviens que nonobstant votre opposition, je vais faire dresser un autel. Je veux bien vous accorder toutefois de n'élever provisoirement qu'un simple autel en planches... » Les syndics se retirèrent et le prévôt fit venir aussitôt des charpentiers qui se mirent à l'œuvre.

* A cette vue, *une poignée de fanatiques* pousse des cris de rage et les plus terribles menaces ; un d'entre eux va même, si l'on en croit l'*Année Sainte,* jusqu'à tirer par la fenêtre de l'église un coup de feu sur les travailleurs. Le prévôt ne se laisse point intimider. Le jour, il encourage les ouvriers, les aide de ses mains à dresser l'autel ou à parer l'église de tableaux, de tapis et de lampes ; la nuit, il entend les confessions de son cher troupeau. Enfin, le soir de Noël, « il celebra le tres sainct sacrifice de la messe « devant ses enfans, qui pleuroient de joye et de « tendreté, les communia tous, et, la messe estant « achevée, du milieu de l'autel, leur expliqua l'his-

(1) Il s'agit ici du traité préparé à Nyon en 1564 et terminé à Lausanne le 30 octobre de la même année.

« toire de ceste naissance avec de si grands mouve-
« mens d'amour qu'il enflamma leurs cœurs des vifs
« embrasemens de la dilection celeste envers le divin
« poupon, né pour la redemption des hommes... » (1).

Il célébra une deuxième fois à l'aurore et une troisième, vers les neuf heures. A cette dernière messe,
l'assistance, augmentée des catholiques accourus des
villages voisins, et même du pays de Gavot, s'élevait
à sept ou huit cents personnes. Depuis ce jour-là,
les offices divins, qui avaient été interrompus pendant
soixante ans dans l'église de Saint-Hippolyte, furent célébrés solennellement chaque dimanche par
le prévôt, auquel les prêtres d'Evian ou des environs
venaient volontiers prêter leur concours. Aussi, les
protestants ne tardèrent-ils pas d'abandonner ce temple, pour se réfugier dans celui de Saint-Augustin.

-----

(1) Ch.-Aug. DE SALES, I, 153. Les biographes du saint af-
firment que la ville presqu'entière s'opposa à l'érection de cet
autel. La lettre du saint au nonce, du 21 décembre, prouve au
contraire, que le nombre des opposants était petit « *quei po-
chi che mi fanno impedimento...* ». (Voir PERATÉ, page 12.)

CHAPITRE IX.

François rétablit les paroisses d'Allinges,

de Cervens,

de Viry et de Saint-Julien.

1597. A ces causes de joie, la Providence vint bientôt en ajouter d'autres. Le prévôt reçut consécutivement, et en peu de jours, plusieurs lettres fort agréables : une, du sénateur Favre lui annonçant qu'il était agréé comme président du Genevois et qu'il allait s'établir à Annecy (1) ;

Une autre, de Charles-Emmanuel, le félicitant d'avoir érigé un autel dans l'église Saint-Hippolyte (2) ;

(1) La lettre de Favre est du 24 décembre 1596.

(2) 7 janvier 1597 (MIGNE, V, 348). Le duc aurait, vers la même époque, écrit au juge-mage et au gouverneur des Allinges de protéger la liberté des catholiques.

* Une troisième du nonce, l'archevêque de Bari, le prévenant que, grâce à l'intervention de S. A. et du marquis de Lullin, les chevaliers des SS. Maurice et Lazare consentent enfin à l'établissement de six curés, et s'obligent à donner à chacun d'eux, par année, 18 coupes de froment, 2 chars de vin et 200 florins de Savoie (environ 276 francs de notre monnaie), soit à peu près la rente annuelle de 80 écus, dont le chevalier Berghera ira incessamment commencer la distribution à Thonon (1). Certes, le nombre des curés promis était trop faible : il en aurait fallu de suite au moins vingt-deux, au sentiment du baron d'Avully (PERATÉ) ; et les revenus assignés étaient trop modiques : aussi choisit-on pour diriger les nouvelles paroisses des prêtres non-seulement doués de science et de vertus, mais encore riches de biens matériels.

En attendant l'époque où il pourrait installer ces prêtres, François se mit en devoir d'exécuter une mission importante qu'il avait reçue du Saint-Siège.

Il y avait alors à Genève un homme célèbre par son érudition, son éloquence et le rôle considérable qu'il avait joué dans les luttes du calvinisme en France : c'était Théodore de Bèze. A l'époque où

(1) 4 janvier (MIGNE, VI, 534). La coupe de Thonon était de 54 litres et le char de vin de 668 litres.

nous sommes arrivés, le « *pape calviniste* » — ainsi fut-il appelé — commençait à se courber sous le poids des années, et l'on disait qu'en voyant approcher sa dernière heure, le vieillard éprouvait de poignants remords d'avoir autrefois déserté la sainte Eglise catholique. Informé de ces dispositions, et comprenant l'immense influence qu'exercerait le retour de Bèze au catholicisme, François avait prié le P. Esprit de la Baume, capucin, qui se rendait à Rome pour le Chapitre général de son ordre, d'en parler au pape Clément VIII, et de lui demander aide et conseil. Le pape répondit qu'il était urgent de s'aboucher avec le vieillard, et comme le P. Esprit lui avait désigné dans l'apôtre du Chablais l'homme le plus propre par sa science, sa douceur et sa prudence à mener à bonne fin cette importante affaire, il remit au Rᵈ Père un bref et des instructions secrètes ordonnant au prévôt de se rendre à Genève (1ᵉʳ octobre 1596).

* Celui-ci reçut le bref à *son retour* de Turin, et n'oublia rien pour exécuter les volontés du Souverain-Pontife. Il fit maints voyages à Genève au commencement de l'année 1597 dans l'espérance de voir Bèze ; mais il ne put jamais avoir une audience particulière. Toutefois, il eut le bonheur de rencontrer dans la cité calviniste cinq ou six catholiques, auxquels il promit de revenir au temps pascal.

* Sur la fin de janvier, François quitta un instant le Chablais : il allait sans doute bénir le mariage de Gallois, son frère aîné, avec demoiselle Jeanne Dufresnoy de Loysin, lequel, d'après N. d'Hauteville(1), se fit à Sales le 30 de ce mois, et il dut y rencontrer son ami Favre. Quoi qu'il en soit, apprenant à Annecy que le chevalier Berghera venait d'arriver en Chablais pour y percevoir les revenus de la sacrée Religion et régler la pension des curés, François revint en toute hâte sur ses pas.

Immédiatement après son retour à Thonon, il eut la consolation de recevoir l'abjuration de Pierre Fournier, le premier des syndics de la ville (4 février). Pour donner à cette cérémonie le plus de solennité possible, François convoqua les catholiques, les rangea en procession et s'en alla, à leur tête, chercher à l'hôtel-de-ville le nouveau converti, qu'il conduisit par la main jusqu'au pied de l'autel. Là, d'une voix qui émut vivement l'assistance, Fournier prononça l'acte d'abjuration ; puis il reçut la sainte communion des mains du prévôt.

Vers le même temps, les habitants d'Allinge et de Mesinge demandèrent à rentrer dans le giron de l'Eglise. L'empressement que témoignèrent ces po-

______

(1) *Maison naturelle, historique et chronol. de saint François de Sales,* page 259.

pulations leur valut, de la part du duc de Savoie, l'exemption des tailles pour quatre années et, de la part de l'évêque de Genève, l'avantage d'être les premières desservies par un prêtre résident. Le saint apôtre, selon le pouvoir qu'il en avait reçu du prélat, nomma curé des Allinges et de Mezinge, unis ensemble, un homme « puissant en parolles et en œuvres, et qui entendoit fort bien la charge des âmes », savoir Pierre Monjonier, auparavant recteur de l'église de Larringe. * L'exemple donné par ces deux villages fut bientôt suivi par la majeure partie des paroissiens de Brens, et, dans le baillage de Ternier, dont nous parlerons tout à l'heure, par les habitants de Saint-Julien.

« Le temps coulant parmy ces belles actions ramena le caresme », qui commença le 19 de février. François donna, ce jour-là, les Cendres aux catholiques de Thonon, et prêcha sur la nécessité des bonnes œuvres. La cérémonie si touchante de l'imposition des Cendres, excita les railleries et la colère des hérétiques.

Aussi, le vendredi suivant, comme François longeait le sommet de la Grande-Rue, tout à coup, une bande de forcenés le poursuit, l'accable de huées, d'injures et de menaces, et lui lance même des pierres. * Heureusement pour lui, en arrivant sur la place de la Croix, il aperçoit une porte sous un escalier, s'y jette en s'écriant : *A la garde de Dieu,* et réussit à échapper à ses ennemis (1).

* Le chevalier Berghera ayant, sur ces entrefaites, achevé de percevoir les revenus de la Sacrée Religion en Chablais, commença le 1er mars la distribution du blé, et, le 3, celle du vin et de l'argent qui devaient former le traitement des curés à établir ; mais il ne délivra qu'une petite partie de ce qui avait été promis ; de sorte que François, au lieu de six curés, n'en pourra placer que trois, à grand'peine encore, comme on le verra plus loin.

* D'autre part, les églises de la province étaient dans un état déplorable : la plupart n'avaient ni toit, ni fenêtres, ni planchers. Elles ne possédaient ni calices, ni missels, ni linges, ni ornements sacrés, ni même d'autels. Les presbytères étaient vendus ou délabrés. Le peuple, totalement ruiné par les guerres, ne pouvait rien fournir, et le chevalier Berghera, conformément aux instructions qu'il avait reçues, ne voulait rien donner pour toutes ces dépenses ; tout au plus convint-il de relâcher, pour réparer l'église de Saint-Hippolyte, une dizaine de ducatons (environ 13 livres), sur les 7,000 qu'il venait de percevoir.

(1) L'ancienne maison de la *garde de Dieu* a été détruite et remplacée par une nouvelle, qui appartient à Joseph feu Michel Degrange.

* Malgré l'insuffisance de ces revenus, François se hâta d'installer un deuxième curé dans la petite paroisse de Cervens, et un autre à Saint-Julien, au baillage de Ternier.

La création de ces nouvelles paroisses n'empêchait point le prévôt de donner les soins les plus assidus à ses ouailles de Thonon. Tous les matins, il disait la messe dans l'église de Saint-Hippolyte ; tous les après-midi, il y prêchait ; les dimanches, il y réunissait les enfants et même les adultes des deux sexes pour leur expliquer la doctrine chrétienne en forme de catéchisme, fonction dans laquelle son esprit de simplicité, de douceur et de charité le faisait admirablement réussir, et l'aidait à « mettre de jour en jour une grande moisson dans les greniers de l'Eglise ».

* Pendant la semaine sainte, il prépara ses néophytes et tous les catholiques à la communion pascale ; en entendant leur confession, il éprouva une grande fatigue, mais aussi, nous dit-il lui-même, « une incroyable consolation de les voir si dévots » (1). Enfin, il consacra les trois derniers jours à confesser les soldats de Martinengue, qui venaient d'arriver dans la ville pour y tenir garnison.

(1) Voir lettre au nonce du 20 avril. MIGNE, VI, 905.

Les Pâques finies, François voulut faire une nouvelle tentative dans le but d'avoir une audience de
Bèze. Accompagné du chanoine Louis de Sales, et
cachant sur sa poitrine cinq hosties consacrées destinées aux catholiques de Genève, il partit le mardi de
Pâques, 8 avril, et descendit à l'*Ecu de France* (1).
A peine était-il entré dans sa chambre, qu'une ver-
tueuse fille de Savoie, nommée Jacqueline Coste,
s'approcha de lui, les larmes aux yeux, et lui raconta
comment, après avoir été bergère dans son village,
elle était venue servir un riche calviniste de Genève,
qui avait tout mis en œuvre pour la faire changer de
religion ; comment ensuite, ayant quitté ce maître
dangereux, elle s'était placée, en qualité de servante,
dans l'auberge où elle était alors, afin de pouvoir
rendre service aux catholiques, surtout aux prêtres
ou religieux qui y descendaient. « Ah ! monsieur,
« poursuivit-elle, depuis le jour où j'eus le bonheur
« de vous voir confondre le ministre La Faye sur la
« place du Molard, je n'ai cessé de demander à Dieu
« la grâce de pouvoir vous parler. » François, à ce
récit, admira les effets de la grâce dans cette âme
simple et droite, l'affermit dans ses bonnes dispositions, la confessa et lui donna la sainte communion (2).

(1) Rue du Rhône, n° 46. (Note de M. l'abbé Chavaz.)
(2) J. Coste se fit plus tard visitandine et mourut à Annecy
en 1623. S. Fr. de Sales disait en parlant d'elle : « Le tour de

Après avoir reconforté cette vaillante chrétienne, François se rend chez Théodore de Bèze (1). Il le salue avec une civilité exquise et lui dit, du ton le plus aimable, qu'attiré par sa grande réputation, il ose prendre la liberté de venir lui offrir ses hommages et lui ouvrir son cœur sur des sujets du plus haut intérêt. Ces paroles gracieuses, relevées par l'air distingué de François, lui valurent le plus obligeant accueil. La conversation s'engagea d'abord sur des choses indifférentes ; puis, tout à coup, François dit à Bèze : « Monsieur, peut-on faire son salut dans l'Eglise romaine ? » Cette simple question embarrassa fort le vieillard ; après avoir longuement réfléchi, en se promenant dans sa chambre, il répondit : « Oui, on le peut, et nul doute que votre Eglise ne soit la mère Eglise. » — Je vous remercie de votre réponse, reprit François ; mais si l'on peut faire son salut dans l'Eglise romaine, pourquoi les calvinistes ont-ils versé tant de sang pour établir leur religion en France ? — C'est, répondit Bèze, que votre Eglise rendait le salut trop difficile en enseignant à tort la nécessité des bonnes œuvres. — Mais, reprit Fran-

notre monastère de la Visitation est gardé par une sainte fille. » Il ajoutait même que la patience, la simplicité, la tranquillité imperturbable de cette fille lui avaient souvent servi d'exemple et de miroir.

(1) Rue des Chanoines, à quelques pas de l'Hôtel-de-Ville.

çois, si les bonnes œuvres ne sont pas nécessaires au salut, que veut dire la sainte Ecriture, par ces paroles : « il ne suffit pas d'éviter le mal, il faut encore faire le bien ? » et ces autres : « parceque j'ai eu faim et que vous ne m'avez pas donné à manger,... allez, maudits, au feu éternel ! » Bèze, ne sachant que répondre, se mit à proférer des injures contre les papistes. Mais, en présence du calme et de la politesse de son interlocuteur, il eut honte de son emportement. Afin de réparer sa faute, il invita François à revenir le voir, lui promettant de l'accueillir toujours de son mieux.

En sortant de cette conférence, qui avait duré trois heures, François apprit dans la rue, par un soldat des Allinges, qu'il se trouvait un catholique dangereusement malade dans la maison d'un hérétique nommé Abraham Joly. Sans s'inquiéter du péril auquel il s'expose de la sorte, il se rend auprès du malade, demande à lui parler en secret, le confesse et lui donne le Saint Viatique.

Le lendemain, il confesse et communie les cinq catholiques dont nous avons parlé plus haut; va saluer Bèze ; puis, au lieu de retourner à Thonon, il prend le chemin de Sales, afin de s'y reposer quelques semaines (car il se sentait fatigué et menacé, depuis longtemps déjà, d'une grave maladie) et d'assister au synode qui devait se tenir vers le milieu du mois.

* De Sales, il écrivit au nonce à Turin (11 avril), le priant d'employer toute son influence auprès de S. A. pour faire maintenir au baron d'Avully les fonctions de juge du Consistoire, que les protestants de Thonon voulaient lui enlever, de hâter la réforme des abbayes d'Aulps et d'Abondance, et d'amener le nouvel abbé de ce dernier monastère à payer fidèlement au prédicateur d'Evian la prébende accoutumée (1).

* Deux ou trois jours après, il descendit à Annecy, d'où il adressa au pape le récit de son entrevue avec Bèze. Il rencontra dans cette ville le P. Chérubin, qui venait d'y prêcher le Carême.

Comme ce personnage jouera bientôt un rôle important dans la conversion du Chablais, nous allons le présenter à nos lecteurs.

---

(1) Voir sa lettre au nonce du 11 avril dans Peraté. C'est probablement dans ce voyage à Sales, par Viry et Cruseilles, que le prévôt essaya, mais en vain, d'atteindre le comte de Martinengue.

CHAPITRE X.

Le P. Chérubin et la conférence avec les ministres.

Dans le même temps que François de Sales partait d'Annecy pour la mission du Chablais, Mgr de Granier envoyait dans le bailliage de Ternier, soit aux environs de Saint-Julien, un dominicain et un jésuite dont l'histoire, trop oublieuse, n'a pas conservé les noms. Ces deux zélés missionnaires, puissamment secondés par le baron de Viry — qui était demeuré fidèle à la vraie foi, et qui n'avait même jamais cessé de faire célébrer la messe dans son château de la Perrière, — obtinrent en peu de temps un grand nombre de conversions.

En apprenant le mouvement qui portait vers le catholicisme les populations de Ternier et du Chablais, et qui commençait à gagner quelques-unes des paroisses de la châtellenie de Gaillard, demeurée, depuis la guerre de 1589, entre les mains des Genevois, l'évêque conçut le projet d'envoyer sur la frontière de cette châtellenie un prédicateur puissant en paroles et en œuvres. Il choisit le P. Chérubin (30 décembre 1596) et lui désigna comme le centre de ses travaux le bourg d'Annemasse qui, dépendant de la province du Faucigny, avait dû à cette circonstance le bonheur d'échapper à l'occupation bernoise et, partant, à l'hérésie.

Né à Saint-Jean-de-Maurienne en 1566 dans la famille noble des Fournier, baptisé sous le nom d'Alexandre, le personnage dont nous parlons renonça au monde à l'âge de dix-sept ans, revêtit l'habit des capucins dans la ville de Gênes et reçut le nom de P. Chérubin. Devenu profès, il étudia la théologie au collège savoisien d'Avignon ; puis fut attaché au couvent de Lyon jusqu'après la conversion d'Henri IV, c'est-à-dire jusqu'à la fin de l'année 1593. A cette époque, le P. Chérubin fut envoyé au couvent de Montmélian. Mais son talent pour la prédication l'appelait souvent au dehors du monastère. C'est ainsi que nous le trouvons, le 30 juin 1594, à Aix, où il rencontra François de Sales ; l'an 1595, en Italie (mars-avril), puis à Chambéry, où il prêcha l'Avent et le Carême de l'année suivante (1).

(1) Abbé Truchet, *Vie du P. Chérubin*. Cet ouvrage, d'ail-

* Muni de lettres-patentes de l'évêque d'Annecy, le P. Chérubin se rend, dans les premiers jours de 1597 (1), sur le théâtre qui lui est assigné. D'Annemasse, centre, comme nous l'avons dit, de ses opérations, il se transporte d'un village à un autre, exposant la doctrine catholique, la prouvant par l'Ecriture et la raison, rappelant aux habitants de ces contrées que leurs pères avaient vécu dans cette foi, que tout ce que le protestantisme avait conservé de croyances chrétiennes venait de l'Eglise romaine et lui appartenait. Son argumentation serrée, son action pleine de feu, sa parole claire et simple firent une profonde impression. Dans tous ses discours, du reste, il défiait les ministres de venir soutenir devant lui leurs erreurs, à tel point que ceux-ci, pous-

leurs fort bien écrit, est tout à fait inexact pour les années 1594-97.

(1) Saint François de Sales, écrivant au pape le 15 novembre 1603, dit que les deux premiers missionnaires envoyés dans le bailliage de Ternier, en automne 1594, étaient un jésuite et un dominicain. Il ajoute que les capucins ne vinrent *que deux ans plus tard*. (MIGNE, V, 415.) La correspondance du saint avec le sénateur Favre et tous les documents publiés jusqu'ici, établissent la même chose. — On avouera que l'affirmation contraire, mais gratuite, du P. Charles de Genève, écrivant soixante ans plus tard, pèse peu en face de tels témoignages. Du reste, les archives de la Haute-Savoie possèdent un document daté de 1656, dans lequel les capucins eux-mêmes fixent à l'année 1597 la première mission du P. Chérubin. (Note de M. le chanoine Ducis.)

sés à bout par ces provocations incessantes, crurent devoir entrer indirectement en pourparlers avec lui.

Un jour qu'il était à Cornières (1), chez un gentilhomme de ses amis, il fut accosté par un orfèvre de Genève, nommé Jean Corajod, et par un théologien. La conversation s'engagea sur quelques points contestés, notamment sur la possibilité d'observer les commandements de Dieu. Battu par le P. Chérubin, Corajod revint peu de jours après, accompagné de quelques Genevois, entre autres d'un jeune homme « fort instruit en théologie », qui n'eut pas plus de succès.

Pour pallier leur défaite, les Genevois proposèrent au P. Chérubin une dispute publique qui se tiendrait à Genève (lettre du 9 février). Le Père répondit qu'il l'acceptait volontiers, mais que, pour entrer dans cette ville, il lui fallait un sauf-conduit des magistrats, avec la permission de ses supérieurs. En même temps, il écrivit à Rome pour avoir l'autorisation nécessaire.

* A cette époque, le P. Chérubin dut se rendre à Annecy, où il avait promis de prêcher le Carême. Il y rencontra, vers le milieu d'avril, l'apôtre du Chablais qui venait, comme nous l'avons dit plus haut, assister au synode et demander des ouvriers. Il lui

(1) Hameau de Villelagrand.

raconta ses succès aux environs d'Annemasse, les conversions déjà obtenues dans la châtellenie de Gaillard, et lui parla de la conférence qui devait se tenir à Genève. Le prévôt, tout à fait partisan de cette conférence, écrivit immédiatement au nonce (23 avril) que, « si elle a lieu, elle produira d'heureux résultats, et que, si les Genevois la refusent, ce sera une chose glorieuse pour l'Eglise » (1).

Rome ayant laissé la décision de cette affaire à l'évêque du diocèse, celui-ci fut d'avis d'autoriser la conférence. Il manda donc aussitôt le P. Chérubin, qui était rentré à Montmélian, et lui dicta une lettre d'acceptation qu'il fit porter à Genève par le chanoine Louis de Sales ; c'était dans les premiers jours de juin. Les syndics de cette ville se montrèrent disposés à l'accepter ; les ministres par contre demandèrent un délai, puis refusèrent en disant qu'ils n'avaient « aucun besoin de conference ni dispute » (2).

Le P. Chérubin et les missionnaires, tout en triomphant de cette reculade des ministres, ne négligèrent aucun moyen de contraindre ces derniers à une dispute publique. Mais n'anticipons point et revenons à François de Sales.

-----

(1) Migne, VI, 905.
(2) Voir M. Truchet ou M. Fleury, *Saint François de Sales,... et les ministres de Genève.*

6.

CHAPITRE XI.

Divers voyages du saint ; il est nommé curé du Petit-Bornand.

Durant son séjour à Annecy, François, au lieu de se reposer de ses fatigues, menait de front les affaires les plus diverses et les plus importantes.

En écrivant au pape (21 avril) le récit de son entrevue avec Bèze, il le prie d'intervenir auprès de Henri IV pour que ce dernier oblige les Genevois à donner la liberté de conscience aux habitants des pays de Gex et de Gaillard, qui veulent se convertir.

« Ces peuples, dit-il, demandent à tous propos
« tres humblement d'estre restituez à la religion ca-
« tholique, et plusieurs ne cessent point de se plain-
« dre de quoy ils sont empeschez par la tyrannie de
« la Republique de Genève de vivre catholiquement,
« veu que d'ailleurs les Genevois n'exercent point

« leur empire sur eux à leur nom propre, mais à
« celuy du roy tres chrestien... »

* Dans une lettre qu'il adressait le surlendemain
au nonce, il revient à ce sujet ; puis il lui recommande la réforme des abbayes, notamment de celles
d'Aulps et d'Abondance. Mais, ce qui le préoccupait
le plus, c'était de trouver des ouvriers pour aller
cueillir la moisson qui était mûre, et de l'argent
pour leur entretien. Non-seulement du Chablais,
mais encore du bailliage de Ternier, de Bernex par
exemple, on lui demandait à grands cris des curés.
Or, il n'avait aucun moyen de les établir. Les chevaliers des SS. Maurice et Lazare, mentant à leurs
promesses, ne lui avaient encore livré que la somme
dérisoire de 100 florins et 30 coupes de froment.

Le saint apôtre, toujours confiant en la Providence, ne désespérait cependant point. « Quant à
« nostre Chablais, disait-il au nonce, je suis un peu
« arresté jusques à ce que l'on ait conclu la trève
« dont on s'occupe presentement, à ce qu'on m'a dit.
« J'espere d'y conduire, au commencement de mai,
« les Peres Capucins et d'autres ouvriers le plus
« qu'il me sera possible : car ils sont bien necessai-
« res. » (1).

* Son espérance fut déçue. Il ne réussit à em-

(1) Migne, VI, 905.

mener avec lui qu'un ouvrier, et pour quelques jours seulement, savoir : le P. Esprit de la Baume.

La première visite du prévôt en Chablais fut pour la nouvelle paroisse de Cervens, « où il eut, nous dit-il, de la satisfaction ».

* Le « bon et docte capucin » déploya, de son côté, beaucoup d'activité et de zèle. Il poussa même la hardiesse jusqu'à provoquer publiquement le ministre calviniste. — C'était le lendemain de l'Ascension (23 mai). Le P. Esprit se rend au sermon de Viret ; puis il l'attend à la sortie du temple, l'interpelle en termes polis, gracieux même, et s'offre à prouver, séance tenante, le contraire de ce qu'il venait d'avancer. Viret répond par des injures. — « Des injures ne sont pas des raisons », reprend le Père, qui attaque vigoureusement les affirmations du ministre. Celui-ci essaie de répondre ; mais, voyant que la dispute ne tournait pas à son honneur, un bourgeois le prend par le bras et l'entraîne de force en disant que S. A. ne voulait pas qu'ils traitassent de religion avec ces papistes. D'autres bourgeois interpellent le capucin, lui demandent de quel droit il vient les troubler. « Qui vous a envoyé ici ? disent-ils, retirez-vous... » Quelques personnes, les femmes surtout, menaçaient de le lapider. A ce moment, le prévôt arrive, leur parle avec douceur et leur fait observer que son compagnon, est, au même titre

que lui, envoyé par le prince, dont ils s'attireraient infailliblement la colère s'ils se livraient à des voies
de fait : ces paroles apaisent la foule et le P. Esprit
put se retirer sain et sauf.

* François profita du premier instant de loisir que
lui laissèrent ses occupations, pour écrire au duc les
détails de la dispute. Il supplie en même temps S. A.
de faire connaître, par des lettres authentiques, aux
habitants de Thonon, parmi lesquels certains obstinés
empêchent les autres de se convertir, son désir de les
voir écouter les raisons des missionnaires, et lui recommande à nouveau soit le ministre Petit, soit les
sept à huit vieilles personnes dont on a déjà parlé,
soit la paroisse de Saint-Julien, dont le curé s'est vu,
au grand regret de ses ouailles, obligé de partir faute
de moyens de subsistance, soit enfin celle de Bernex,
qui demande un prêtre (1).

* Il écrivit la même chose au nonce, en se plaignant de ce qu'on ne payait pas les pensions promises.
« Jusques à present, lui dit-il, je n'ai encore pu tirer
« que 160 florins et trente-cinq coupes de froment.

(1) Lettre du 27 mai. MIGNE, VI, 761. Cette lettre, qu'il
faut lire en entier, prouve manifestement que, jusqu'ici, S. A.
n'avait pas encore écrit aux habitants de Thonon ; elle prouve,
de plus, combien ils mentent ceux qui disent que, pour convertir le Chablais, François de Sales employa la violence. La
même réflexion ressort clairement de toute la correspondance
du saint.

« Il est vrai que l'on m'en a presenté 75 coupes,
« mais si mauvais que je n'ai pu les accepter. Je
« continuerai à solliciter, et faisant ainsi tout ce que
« je pourrai, ce ne sera pas ma faute de n'avoir pas fait
« davantage. On manque de maisons pour loger les
« curés, on manque de tout l'ameublement ecclé-
« siastique, il faut tout acheter. Maintenant je vous
« laisse à considerer en quel estat nous sommes. »
— Néanmoins, il pensait aller, durant la semaine,
placer un curé à Breus, « et ce sera, dit-il, la quatrième (paroisse) de ce baillage » (1).

* Mais sa lettre à peine achevée, il apprend la
nouvelle que son évêque est dangereusement malade et désire le voir. Il part aussitôt pour Annecy, d'où il envoie à sa place le chanoine Philibert
Rogès.

En même temps qu'il accueillait son cher prévôt,
Mgr de Granier recevait le bref par lequel le pape,
répondant à la demande d'autoriser une conférence
publique à Genève, laissait la chose à son propre jugement. Le prélat, bien que gravement malade, fit
aussitôt mander le P. Chérubin et lui dicta la
lettre d'acceptation dont nous avons parlé plus
haut.

(1) Migne. VI. 906.

En annonçant au nonce ces divers événements (1),
François ajoutait : « Il y a maintenant de vacant un
« bénéfice-cure qui peut rapporter 200 écus dans
« les bonnes années ; il se donnera, suivant l'usage,
« au concours. Sollicité par plusieurs amis, même
« spirituels, de saisir ceste excellente occasion, je le
« ferai pour ne pas mépriser leur avis, mais à la
« condition d'avoir l'agrément de vostre Seigneurie
« Ill^me : car je ne puis retenir, en même temps que
« ceste cure, la prévôté de l'église cathédrale, bien
« que cette prévôté ne rapporte pas un liard et que
« le canonicat y attaché ne produise pas plus de
« soixante écus... Mais à parler franchement, je suis
« presque forcé de laisser la prévôté à d'autres qui
« puissent mieux observer la résidence. Donc, toutes
« choses pesées, je me résous à ceste cure qui est
« des bénéfices du diocese le plus riche parmi ceux
« que je puis espérer. Je désire pourtant, avec l'agré-
« ment de S. S., conserver le canonicat simple afin
« qu'en rentrant à Annecy, j'aie une place dans ce
« chœur (St Pierre) où les offices se font tout-à-fait
« bien. »
   * Il s'agissait de la cure du Petit-Bornand, dont
le titulaire, R^d Jacques Bally, chanoine, était mort

(1) Cette lettre, qui est du 30 mai, a été publiée par Peraté
en entier et en partie par Migne, VI, 909.

depuis peu, et dont Nicolas Bally, frère du défunt, avait été nommé gardiateur par Mgr de Granier.

* Mais, le concours ne devant avoir lieu que le 30 de juin, et la santé du prélat s'étant rapidement améliorée, François retourna auprès de ses chers habitants du Chablais. Un de ses premiers soins dut être d'aller installer un curé à Brens (1) dans la personne de son cousin et compagnon d'apostolat, le chanoine Louis de Sales, qui se trouvait en même temps posséder la seigneurie du lieu ; et un autre à Bernex, au baillage de Ternier. Malgré son ardent désir, impossible d'en placer d'autres. Les chevaliers, toujours égoïstes, refusaient l'argent nécessaire ; ils lui offraient, à vrai dire, certains arrérages dus à la Sacrée Religion par quelques fermiers de la ville ; mais le saint, prévoyant qu'on devrait plaider, ne jugea pas à propos de les accepter. « Il ne faut pas, « disait-il, dans une lettre citée plus loin, que ceux « qui cherchent à les ramener aient avec eux ces « embarras, particulièrement en ces temps et ces « pays si calamiteux où tout le monde est pauvre. »

Sur ces entrefaites, il reçut la visite d'un ministre du canton de Vaud, nommé Galletier; lequel « après avoir faict experience de la doctrine et syncere piété

---

(1) Cependant l'église de ce village était encore, deux ans plus tard, dans un état affreux et nous ne croyons pas qu'on y eût déjà célébré la sainte messe. (Voir Notes et doc. **E**.)

du prevost de Sales, confessa ouvertement la verité et saincteté de la religion romaine et se retira avec une meilleure opinion d'icelle qu'il n'estoit pas venu. Mais les Bernois s'estant aperceuz qu'il branloit en leur religion depuis ceste conference, luy firent briefvement son procez et le condamnerent à la mort ». Tel est du moins le récit de Charles-Auguste de Sales (I, 183, édit. Vivès).

Vers cette même époque, alors que le prévôt et le P. Chérubin insistaient auprès des ministres pour obtenir la dispute publique à Genève (1), soit le 23 juin, le premier reçut du pape Clément VIII un second bref, l'invitant à renouveler auprès de Théodore de Bèze la tentative qui était demeurée sans résultat.

* Avant d'exécuter les ordres du Souverain-Pontife, François se rendit au concours relatif à la cure du Petit-Bornand. Il répondit d'une manière brillante aux examinateurs, et comme, d'autre part, aucun prêtre n'avait osé se mesurer avec lui, il fut nommé économe de ce bénéfice, en attendant la provision du pape, à qui la nomination de cette cure se trouvait réservée (2). Malheureusement, dans l'in-

(1) Voir lettre de François au nonce. Migne, VI, 562.
(2) Reg. de l'évêché.

7

tervalle, Nicolas Bally se rendit à Rome muni d'un acte de résignation en sa faveur, que lui avait laissé son frère défunt, et il y obtint, le 4 juillet, des lettres de provision. L'évêque et le conseil du Genevois prirent parti pour le prévôt ; le Sénat donna gain de cause à son concurrent ; de telle sorte que François n'occupa jamais ce bénéfice, dont les revenus lui auraient permis de faire beaucoup de bien en Chablais, et dont il ne retira, suivant l'expression de Charles-Aug. de Sales, que « de grandes traverses et fascheries ».

En attendant la décision du litige, le saint, ayant avec lui le président Favre, qui venait de s'installer à Annecy, était parti pour Genève (3 juillet).

Bèze leur fit un gracieux accueil. Après les compliments d'usage et quelques paroles indifférentes, François, prenant un volume de saint Augustin qui était dans un coin de la chambre, amena la conversation sur la grâce et le libre arbitre ; puis, enfin, sur les bonnes œuvres. Comme Bèze niait la nécessité de ces dernières, le prévôt lui répondit d'un ton affectueux : « Monsieur, c'est sans doute que vous vous trompez quand vous dites que les œuvres satisfactoires ne sont pas necessaires au salut ; et je ne sçaurois croire que votre conscience vous fasse ainsi parler, puisque vous avez peu trouver la verité ca-

tholique de cet article non-seulement chez les doc-
teurs des cinq premiers siècles, mais encore dans les
sainctes Escritures tant de l'ancien que du nouveau
Testament ; et vous ne l'ignorez point, Monsieur,
estant si bien versé en la lecture des livres. »
Bèze, interdit, poussa un profond soupir et, leur
serrant la main, il dit à haute voix : « Si je ne
suis pas au bon chemin, je prie Dieu tous les jours
que, par sa miséricorde, il lui plaise de m'y remettre. »

Encouragé par ces paroles, François revint plus
tard seul auprès de l'hérésiarque ; et, pensant que la
crainte de perdre ses biens le retenait peut-être dans
l'erreur, il lui offrit, de la part du pape, une pension
annuelle de quatre mille écus. Mais, trop orgueilleux
pour reconnaître ses fautes, trop engagé d'ailleurs,
Bèze répondit que, si l'Eglise romaine était la Mère-
Eglise, il ne désespérait point de faire son salut dans
la religion qu'il suivait. Le malheureux vieillard
vécut encore quelques années, agité par les doutes et
le remords (1).

(1) Voir HAMON ou PÉRENNES. A la fin de sa vie, Bèze avait
à son service une personne de Mieussy. Celle-ci ayant, un
jour, demandé à son maître quelle religion elle devait suivre,
Bèze lui répondit en pleurant que la foi catholique était la
meilleure. *Histoire des Missions des Capucins*, p. 195.

* De retour à Thonon, le prévôt eut bientôt mainte occasion de donner de nouvelles preuves de sa vertu. Le dimanche suivant — 6 juillet, — comme il venait de prêcher sur le pardon des injures, un protestant, nommé André Lièvre, l'aborde en lui disant : « Eh ! si je vous donnais un bon soufflet, me tendriez-vous l'autre joue ? » — « Mon ami, repartit « l'humble missionnaire, je sais bien ce que je de- « vrois faire, mais je ne sais pas ce que je ferois : « car je suis un homme chétif et tout remply d'infir- « mités. Pourtant j'ai confiance en la grâce de Dieu « qui peut faire de ce foible roseau une colonne iné- « branlable... »

Un autre jour, il apprend que deux gentilshommes sont allés à la place *Su-Bassu* pour se battre en duel. Aussitôt il y court, et leur crie de cesser le combat. Mais ceux-ci demeurant sourds à ses paroles, il se jette entre eux sans crainte du péril, les désarme et leur adresse ensuite des paroles si touchantes, que les deux adversaires s'embrassent en se demandant mutuellement pardon.

Le saint prévôt n'omettait, du reste, aucun moyen de gagner les âmes. Les nouveaux convertis étaient-ils atteints de quelque maladie légère ? il leur indiquait le remède et en surveillait l'exécution ; avaient-ils quelque différend entre eux ? il prenait le rôle d'arbitre, et ses décisions étaient toujours respectées.

« Et quoyque plusieurs personnes de basse qualité, sans discretion, l'importunassent à toutes heures... il supportoit neantmoins d'une admirable douceur et débonnaireté leurs incongruités, leur rusticité et leur peu de jugement... Encore que souvent ces charitables occupations l'accablassent tellement qu'il n'avoit quasi bonnement le loisir de parachever son bréviaire, il accueilloit ces pauvres gens si humainement que rien plus, il les consoloit jusques au fond du cœur... et beaucoup ne l'ayant sceu aborder à cause de la presse des survenans, ils s'en sont toutefois retournés contens et résolus de leurs scrupules, ou l'ayant envisagé ou ayant esté envisagez de lui. » (1).

Un de ces visiteurs, gentilhomme converti depuis peu, trouva le prévôt occupé à raccomoder ses habits. Comme il en manifestait un vif étonnement : « Monsieur, dit l'humble apôtre, je ne vois pas qu'il y ait point d'inconvénient que j'apprenne à raccomoder ce que j'ai gasté moy-mesme. »

Parmi les visiteurs importuns, se trouvait une dame avancée en âge qui, plusieurs fois le jour, venait rebattre les oreilles du prévôt des mêmes doutes, et qu'il écoutait avec une inaltérable bonté. Cependant les réponses de François finirent par faire pé-

---

(1) Le P. La Rivière, livre II, chapitre XV.

nétrer la lumière dans son esprit. « Il n'y a plus maintenant, lui dit-elle un jour, dans l'Eglise romaine, qu'une chose que je ne puis admettre, c'est le célibat des prêtres. » « Eh! Madame, lui répondit-il en souriant, si j'estais marié, si j'avais à m'occuper d'une épouse et d'une famille, m'auroit-il esté possible de recevoir toutes vos visites et d'employer un temps si long à vous éclairer. » La dame, sentant la justesse de ces observations, s'avoua vaincue.

C'est en donnant ainsi de continuels exemples de vertu que François gagnait tous les jours à l'Eglise de nouveaux enfants. Lorsque ses convertis étaient pauvres, il les envoyait au château de M. de Blonay où, avec les secours temporels, leur étaient prodigués les soins propres à les fortifier dans la foi (1).

Le Chablais comptait alors un certain nombre de personnes possédées du démon (2), le prévôt les exorcisa et les délivra. Désirant détruire l'effet produit par ces guérisons, les protestants disaient que ces prétendus possédés n'étaient tout au plus que des hallucinés ; aucuns niaient même l'existence du diable. Alors, le saint prit la plume pour défendre l'en-

(1) M. de Blonay, étant devenu veuf quelques années plus tard, se fit prêtre, devint curé de Sciez et préfet de la Sainte-Maison de Thonon ; une de ses filles, Marie-Aimée, prit le voile de visitandine et mourut en odeur de sainteté.

(2) Voir PERATÉ, page 9.

seignement et la pratique de l'Eglise ; il écrivit un petit traité qu'il intitula : *De la Demonomanie ou des Energumènes*. Dans ce livre aujourd'hui perdu, il prouvait les rapports des anges avec les hommes ; il établissait ensuite l'existence de la possession diabolique, son étendue, ses limites, ses causes et ses marques, enfin, il montrait que l'Eglise avait, dans tous les siècles, par la vertu de l'exorcisme, chassé le démon du corps des possédés.

CHAPITRE XII.

Assemblée et Quarante-Heures
d'Annemasse.

(28 juillet — 13 novembre.)

Pendant que François de Sales combattait ainsi l'hérésie par la parole et par la plume, Mgr de Granier se décidait enfin à lui envoyer des auxiliaires. C'étaient les PP. Esprit et Chérubin, avec lesquels déjà nous avons fait connaissance, et un jésuite « excellent », le R. P. Saunier, de résidence à Chambéry.

* Le 28 de juillet, les trois missionnaires prirent ensemble la route d'Annemasse, où ils devaient se rencontrer avec le chanoine Louis de Sales — qui, selon toute probabilité, représentait le prévôt, — Balthazar Maniglier, curé du lieu, et le baron de

Viry (1). Ils se réunirent tous le lendemain, dans la maison de Claude-Louis Dausset, pour discuter les moyens les plus propres à ramener à la foi les habitants des bailliages. Parmi les vœux adoptés, les principaux étaient :

1° La cession en faveur des curés à établir de tous les bénéfices à charge d'âmes qui avaient été unis provisoirement à l'ordre des SS. Maurice et Lazare par le bref de Grégoire XIII, du 13 avril 1575 ;

2° La fondation dans la ville de Thonon d'un collège de Jésuites, auquel on unirait les revenus de l'ancien prieuré de ce lieu, ou tout au moins, un établissement *ad tempus* des RR. Pères, qui seraient en outre chargés de prêcher et de donner des missions ;

3° Le rétablissement de la collégiale de Viry ;

4° L'exemption pour les catholiques d'une partie des contributions ordinaires et extraordinaires, afin qu'attirés par ce motif humain, les protestants se rendissent plus volontiers aux instructions ;

Enfin on décida de prier le prince de faire tous ses efforts pour amener les Genevois à accepter la confé-

---

(1) Charles-Auguste prétend que François de Sales alla chercher les prédicateurs à Annecy et présida l'assemblée d'Annemasse : cela nous paraît formellement contredit par la lettre que le saint écrivit au nonce le 14 de septembre (MIGNE, VI, 555).

rence publique qu'ils avaient eux-mêmes provoquée, mais dont ils ne se souciaient plus, maintenant qu'il s'agissait d'en venir à l'exécution. Et pour les y contraindre en quelque sorte, on résolut de célébrer en grande pompe, au lieu même d'Annemasse, *les prières des Quarante-Heures,* qui obtenaient en Italie des résultats admirables.

* Ces demandes furent consignées dans un Mémoire que le P. Chérubin fut chargé d'aller mettre sous les yeux de S. A. Charles-Emmanuel (1). Ce dernier se trouvait alors aux environs de Miolans, aux prises avec les Français, commandés par le célèbre duc de Lesdiguières qui, le 23 juin, s'était jeté sur Saint-Jean de Maurienne et venait de prendre la Rochelle (2).

Le duc fit au Père le plus gracieux accueil et se montra favorable à toutes les demandes de l'assemblée d'Annemasse. La première et la deuxième furent même confiées à MM. de Lullin et Jacob, pour qu'ils avisassent aux moyens d'exécution. Malheureusement, la crainte de se brouiller avec les Bernois — protecteurs des hérétiques de Thonon — pendant qu'il était en guerre avec la France et l'obstination

______

(1) L'assemblée en avait chargé le P. Esprit, mais l'évêque préféra le P. Chérubin.

(2) MÉNABRÉA, *Les Alpes historiques,* page 452, etc.; Acad. de Savoie, 3e série, tome XI.

égoïste des chevaliers devaient retarder encore l'accomplissement de ces généreux desseins.

Relativement aux Quarante-Heures, le duc ne se contenta pas d'en approuver le projet ; il donna 500 écus pour les frais à faire, et remit les plus belles tapisseries, avec toute l'argenterie de sa chapelle, pour orner l'oratoire où le Saint-Sacrement serait exposé ; enfin, il chargea d'Albigny, gouverneur de la Savoie, de le représenter et d'y maintenir l'ordre. Le nonce, de son côté, donna 200 écus.

Le P. Chérubin se hâta d'annoncer cette bonne nouvelle à Mgr de Granier et à François de Sales. L'évêque fit aussitôt publier dans tout le diocèse qu'on célébrerait les prières des Quarante-Heures à Annemasse les 7 et 8 septembre, et il invita les fidèles à y assister en grand nombre.

Pour les attirer davantage, François jugea qu'il serait utile d'y représenter un de ces drames ou mystères pieux dont le peuple était alors si avide. Il choisit pour sujet le sacrifice d'Abraham. Louis de Sales, frère du saint, et son cousin, le chanoine de Sales, tous deux fort versés dans l'histoire et la poésie, se chargèrent de la composition du drame. Dans la distribution des rôles, François ne dédaigna pas de prendre le sien ; il accepta celui qui demandait le plus de gravité, le rôle de Dieu le Père. De leur côté, le P. Chérubin et ses compagnons préparaient à Annemasse tout ce qui était nécessaire pour le succès de la représentation. On éleva le théâtre sur la grande place contiguë à l'église, et l'on dressa des tentes avec des tapis et des toiles, afin que le peuple fût abrité contre le soleil et la pluie.

Le samedi, veille de l'ouverture — soit le 6 du mois, — pendant que, malgré le mauvais temps, les populations du voisinage affluaient de tous côtés, la procession de Thonon se mettait en marche de grand matin, précédée de l'étendard de la croix, que portait George Rolland, et suivie par le gouverneur des Allinges et le prévôt en surplis. Elle prit la route de Bons, faisant retentir les airs de chants pieux. De village en village, des groupes de nouveaux convertis venaient s'y adjoindre. On recueillit notamment 400 personnes des environs de Douvaine. Après six heures de marche par des chemins boueux, les pèlerins atteignirent Annemasse. Le soir, comme on annonçait que les pénitents de la Sainte-Croix d'Annecy, conduits par le chanoine de Sales, étaient près d'arriver, François se porta à leur rencontre avec un nombreux cortège. A la vue de ces pèlerins couverts d'un habit noir en forme de sac, pieds nus et le chapelet à la main, il ne put retenir des larmes de joie. Ils entrèrent tous ensemble dans l'église, où les musiciens chantèrent un motet, puis chacun se retira ; car il était déjà tard.

Le lendemain matin, Mgr de Granier ouvrit les Quarante-Heures en célébrant la messe pontificale. A l'Evangile, François de Sales prononça un discours plein de feu. Après la messe, eut lieu une procession générale, où le Saint-Sacrement fut porté avec autant de dévotion que de magnificence. L'évêque l'ayant exposé sur le trône préparé, le P. Chérubin prononça, à son tour, un sermon qui fit une impression profonde. Après quoi, les pénitents de la Miséricorde d'Annecy, et la procession du Chablais, firent la première heure d'adoration ; les autres processions venues de diverses parties de la Savoie continuèrent. Les prédications étaient faites alternativement par les PP. Esprit et Antoine de Tournon, capucins, et par des prêtres séculiers, tels que : le chanoine Louis de Sales, Balthazar Maniglier, Claude Grandis de Talloires, Jean Mangier, Claude Chevallier, François Tabuis, Théodore Warouf, etc., tous orateurs distingués et choisis d'avance pour diriger les nouvelles paroisses du Chablais.

Le soir, une autre cérémonie non moins touchante réunissait les pèlerins. Afin de remplacer une belle croix de pierre, ornée de deux statues en marbre, qui se dressait autrefois à sept ou huit minutes d'Annemasse, sur la route de Genève, et que les Calvinistes avaient abattue, on avait préparé une grande croix de bois, que le prévôt avait bénite le matin, et sur laquelle il avait fait placer une plaque de métal portant cette inscription :

> Ce n'est la pierre ou le bois
>
> Que le catholique adore ;
>
> Mais Dieu lequel mort en croix,
>
> De son sang la croix honore.

Les confrères d'Annecy la prirent sur leurs épaules ; la foule et l'évêque suivaient en chantant l'hymne *Vexilla regis.* Quand elle fut élevée sur son piédestal, le P. Esprit de la Baume, de sa voix puissante, prononça un discours pathétique sur l'honneur dû à la croix, mémorial de l'amour infini d'un Dieu qui a répandu son sang pour le salut des hommes. L'auditoire, composé de milliers de catholiques, mêlés de protestants que la curiosité avait attirés, fut touché jusqu'aux larmes. Après le discours, on distribua plusieurs *placards,* soit feuilles imprimées, composés par un capucin, et relatifs au culte de la croix (1).

Le lundi, fête de la Nativité de la Sainte-Vierge, fut marqué non seulement par la représentation du

---

(1) Ces placards, que MM. Hamon et d'autres attribuent faussement au P. Talissieu — car celui-ci vivait en 1680, — ont été imprimés à Paris en 1598 dans une brochure intitulée : *La conférence accordée entre les prédicateurs catholiques de l'Ordre des Capucins et les ministres de Genève,* par Denis Binet.

sacrifice d'Abraham, mais encore par l'arrivée d'une procession de sept à huit cents hommes, nouveaux convertis, du bailliage de Ternier, et par le défi jeté devant la foule par le P. Chérubin aux ministres de Genève : « Nous n'avançons rien ici, s'écria-t-il, que « nous ne soyons prêts à dire partout ailleurs et à « soutenir en présence de tous les ministres. Ils « nous avaient présenté une conférence ; que tar-« dent-ils tant à la tenir ? Quant à nous, certes, « nous prenons Dieu à témoin devant vous tous que « nous accepterons volontiers toutes les conférences, « afin de vous montrer plus clairement qu'en plein « midi qu'on vous a trompés. »

Ces paroles hardies, ces cérémonies émouvantes, la douce piété qui animait les fidèles, l'air de bonheur qui brillait sur leurs visages, toutes ces choses merveilleuses firent sur les protestants une impression profonde ; beaucoup d'entre eux prirent la résolution de se convertir (1). Ils s'écriaient : « Dieu est là et nous n'avons jamais rien vu de pareil. » Les magistrats de Genève, furieux de ce résultat, frappèrent leurs concitoyens de la prison ou de l'exil. Pour avoir été à Annemasse « exprès pour être spectateur de l'*abomination* qui a été commise », P. Besson

_____

(1) Saint François, dans sa lettre au nonce du 14 septembre, dit que le fruit des Quarante-Heures tient du miracle. (Migne, VI, 558.)

fut condamné à trois jours de prison au pain et à l'eau. Trois femmes, convaincues du même *crime,* furent chassées de la ville, et le conseil ordonna « de rechercher toutes semblables personnes pour en estre (fait) de même » (1). Il paraît de plus qu'à l'instigation des magistrats et des ministres, Berne demanda au duc de Savoie l'éloignement des « prédicateurs papistes », en particulier des capucins. C'est ainsi que ces prétendus libéraux respectaient la liberté de conscience !

Les Quarante-Heures achevées — elles finirent le mardi, à deux heures du matin, — François de Sales regagna Thonon, emmenant sans doute avec lui le P. Saunier.

* Le 16 de septembre, soit trois ans, jour pour jour, après sa première descente à Thonon, il y fut rejoint par les RR. PP. Capucins, qui étaient restés un peu plus longtemps à Annemasse (2), c'est-à-dire par le P. Antoine de Tournon et le P. Esprit de la Baume. C'était peu ; mais, au témoignage du prévôt lui-même, les nouveaux ouvriers suppléaient au nombre par l'ardeur du zèle.

* Déchargé d'une partie de ses occupations, François se mit à écrire diverses thèses en réponse aux

(1) FLEURY, *Saint François de Sales et les ministres de Genève,* page 64.
(2) *Année sainte;* BAUDRY, II, 78 ; MIGNE, V, 536.

propos et à des traités que les protestants faisaient circuler parmi le peuple. Le ministre Viret criait partout que l'article de la présence réelle du corps du Sauveur dans l'Eucharistie détruisait le symbole et l'analogie de la foi. Dans un petit opuscule d'une huitaine de pages intitulé : *Simple considération sur le Symbole des Apôtres,* et qu'il termina le 7 octobre (1), le saint exposa, en forme de prières, les preuves les plus fortes en faveur de la doctrine catholique et l'analogie de la foi de ce mystère avec tous les articles du Symbole. Viret ayant essayé de répondre, le prévôt publia une nouvelle réplique si victorieuse que le pauvre ministre fut réduit à dévorer la honte d'une entière défaite (2).

* Il terminait cet opuscule, lorsqu'il lui tomba entre les mains un petit livre de 62 pages in-8°, sans indication d'auteur, de lieu ni d'impression, portant pour titre : *Brief traité de la vertu de la Croix et de la manière de l'honorer.* Sous ce titre mensonger, le ministre La Faye attaquait le culte de la croix et le traitait d'idolâtrie. François, saisi d'une sainte indignation, prit aussitôt la plume pour la

(1) *Année Sainte.*
(2) Saint François termine cet opuscule par cette devise : *Foy sans descaler,* qui est un anagramme de son nom. M. Truchet et le P. Charles de Genève ont donc bien tort de l'attribuer au P. Chérubin.

défense de l'Etendard sacré ; mais il eut à peine le temps de commencer cet ouvrage.

* Mɢʳ de Granier avait, en effet, résolu de déléguer à Rome son neveu et grand vicaire, François de Chissé, pour la visite *ad limina Apostolorum,* avec la mission d'obtenir du pape la désunion des bénéfices du Chablais de la Sacrée Religion, ainsi que les pouvoirs nécessaires pour rétablir les paroisses des bailliages. Or, comme le prévôt était plus à même que personne de mettre le pape au courant de toutes ces affaires, il voulut qu'il accompagnât son neveu. Il le fit donc venir et l'envoya prendre le consentement et les instructions de S. A., qui surveillait alors les travaux d'achèvement du fort de Barraux.

* Le prévôt dut quitter Thonon le 20 octobre et arriver à Annecy le même jour. Là, dès le lendemain, il publia des lettres patentes par lesquelles il déclarait que tous les nouveaux convertis étaient exempts des peines infligées par l'Eglise aux hérétiques ; puis, muni des instructions de son évêque, il se rendit auprès de S. A. Le prince, non seulement lui fit le meilleur accueil, mais il lui donna des lettres par lesquelles il priait le Souverain-Pontife de retirer des mains des laïques tous les bénéfices ecclésiastiques pour les appliquer à l'entretien des curés (1).

(1) Mɪɢɴᴇ, VI, 578 et IX, 43.

— Avant de le congédier, S. A. lui procura une entrevue avec le colonel du régiment du Chablais, Maurice Brotty, qui était un calviniste convaincu, et qui sortit fort ébranlé de cette conférence.

* Lorsqu'il fut de retour auprès de son évêque, François apprit de sa propre bouche qu'il désirait l'avoir pour coadjuteur et qu'il voulait prier le pape de lui en conférer le titre. Dans sa grande humilité, le saint refuse tout d'abord avec énergie et, pour échapper aux instances du vénérable prélat, il se réfugie au château paternel. Ce dernier l'y rejoint bientôt, et n'ayant rien pu obtenir, il lui envoie, l'un des jours suivants, le P. Critain, son aumônier. A la fin, cédant à de si pressantes sollicitations, l'homme de Dieu donne son consentement (1).

* Le Pontife, au comble de la joie, fait hâter les préparatifs du départ. Déjà, par ses ordres, une enquête juridique a été faite à Thorens sur l'âge du prévôt (2). Déjà, le P. Chérubin a reçu l'ordre d'aller à Thonon remplacer ce dernier pendant son absence (3). Déjà le même Père et le curé d'Annemasse, se trouvant ensemble à Annecy, avaient

(1) Voir le récit de ces négociations dans CHARLES-AUGUSTE, I, 242, qui a toutefois tort de les placer en 1598.

(2) CHARLES-AUGUSTE, II, page 305. Cette enquête est du 11 novembre.

(3) Lettres patentes du 2 novembre. *(Histoire abrégée des Missions,* page 35.)

signé, pour qu'elle fût remise au pape, une lettre par laquelle ils attestaient qu'à Genève, un grand nombre d'habitants étaient disposés à laisser célébrer le culte catholique dans leur ville, si le roi de France le demandait (1) ; en un mot, tout était prêt, lorsque, inopinément, François tombe frappé d'une fièvre continue qui met sa vie en danger (2) et qui, pendant près de cinq mois, le condamnera au repos.

---

(1) Lettre du 13 novembre, Peraté, page 31.

(2) Ibid., page 33, lettre de Mgr de Granier au nonce du 20 novembre. Certains auteurs disent que le saint contracta cette maladie au service des pestiférés ; mais c'est une assertion plus que gratuite. La peste n'existait point dans la ville à cette date. Monseigneur dit que le prévôt est malade d'*una febre continua e mortale*.

CHAPITRE XIII.

François malade. — Le P. Chérubin à Thonon.

* A l'arrivée du P. Chérubin en Chablais (mi-novembre 1597), cette province ne possédait encore, en dehors de Thonon, que trois paroisses catholiques, savoir celles de Brens, de Cervens et d'Allinge; mais la plupart des villages demandaient un prêtre, et si l'on eût pu le leur accorder, nul doute que l'ensemble du pays ne fût dès lors revenu à l'antique foi.

Il n'en était pas de même à Thonon. La majorité des bourgeois, non contente de fermer obstinément les yeux à la lumière, s'efforçait, par mille moyens, d'empêcher les conversions, et se montrait d'autant plus opiniâtre, d'autant plus irritée, qu'elle voyait chaque jour ses rangs s'éclaircir.

Ces fanatiques allaient trouver dans le P. Chérubin un rude adversaire. Chaque dimanche et même plusieurs fois la semaine, durant l'Avent, le Père prêcha dans l'église de Saint-Hippolyte : sa voix forte et tonnante se faisait entendre jusque dans les maisons voisines. Et dans tous ses discours, il défiait les ministres. Il ne s'en tint pas là.

Un jour, il se présente hardiment devant le conseil de ville, et le prie de faire appeler les ministres, « afin, dit-il, que je puisse les convaincre, en votre présence, que la religion de Calvin, en laquelle ils vous retiennent, est fausse ».

Le jeudi suivant, qui était jour de marché, il fait dresser une chaire sur la place publique, prêche contre le calvinisme, puis se tournant vers l'hôtel-de-ville, où Viret logeait, il s'écrie : « Votre ministre est à cette fenêtre, qui m'écoute : obligez-le à venir soutenir ici la doctrine qu'il vous enseigne. Il ne le fera pas, car il sait bien qu'il vous trompe. »

Enfin, il se mit à composer de petits traités, qu'il distribuait à la foule, ou qu'il faisait afficher jusque sur la porte de Viret. Poussés à bout par ces provocations incessantes, Viret et le conseil se virent obligés d'accepter une conférence : elle eut lieu à l'hôtel-de-ville. Le ministre ayant déclaré qu'il n'admettait d'autre autorité que celle de la Bible, le Père accepta la condition ; et tout aussitôt, attaquant de front la doctrine calviniste de l'impossibilité d'observer les commandements de Dieu, il prouva, par vingt passages de la sainte Ecriture, que cela nous était possible avec le secours de la grâce. De prouver le contraire, Viret ne laissa pas que de s'en vanter ; dans ce but, il apporta le lendemain quantité de textes ; mais, réfuté d'une façon absolument victorieuse, il abandonna la lutte.

Vers le milieu de décembre, le président Favre vint, à Thonon, intimer aux bourgeois l'ordre d'assister aux prédications du P. Chérubin. Celui-ci, d'autre part, avait écrit à S. A. pour qu'elle déclarât fermée aux calvinistes l'église de Saint-Hippolyte, où ils venaient parfois encore célébrer leur culte. Le prince leur notifia cette interdiction, en leur laissant toutefois le droit de sonner la grosse cloche pour annoncer leurs réunions. Cette réserve déplut au Père, qui obtint une nouvelle ordonnance par laquelle elle était retirée. Les officiers du prince, craignant une émeute, demandaient un délai pour mettre cette mesure à exécution ; mais le P. Chérubin n'était pas homme à temporiser ; il résolut d'enlever la chose de vive force.

Un jour que le prêche devait avoir lieu — c'était vers les fêtes de Noël — le Père, ayant fermé les portes de l'église, monte au clocher avec le P. Esprit et deux laïques, et tire à lui les cordes et les échelles.

Les protestants arrivent, enfoncent les portes de l'église et courent au clocher. Ne trouvant point d'é-chelles, ils appellent à l'aide. Les uns tirent des coups de fusil sur les capucins sans les atteindre ; les autres apportent des échelles qu'ils dressent pour monter à l'assaut, mais elles sont renversées par les assiégés. Sur ces entrefaites, arrive un gentilhomme calviniste, M. de Vallon, qui réussit à calmer ses coreligionnaires. Ceux-ci se retirent, mais en jurant de se venger.

1598. — A quelque temps de là, en effet, ils mon-tèrent un soir au clocher, allumèrent du feu sous la cloche, l'enveloppèrent d'un drap épais et la rompi-rent à coups de marteau. Averti par le bruit, le P. Chérubin court chez le procureur fiscal, l'entraîne avec lui ; et, sans s'inquiéter des menaces qu'on leur adresse ni des tisons qu'on leur jette, ils montent l'un et l'autre jusqu'au beffroi. Le procureur fiscal, adressant alors aux mutins des paroles sévères, leur commande de se retirer, prend les clefs du clocher et force, le lendemain, les auteurs de l'attentat à con-duire eux-mêmes la cloche rompue au château des Allinges (1).

(1) Deux ou trois jours après cet évènement, le président Favre et le P. Chérubin reçurent de Charles-Emmanuel une invitation à modérer leur zèle et à se garder d'employer la

* Le clocher de Saint-Hippolyte possédait encore
une autre cloche, et les protestants songeaient à demander l'autorisation de s'en servir. Mais François
de Sales, bien qu'il fût, à Annecy, toujours malade,
en écrivit au prince (1) et à l'un de ses gentilshommes,
Louis de Pingon, son oncle. « Leur presche ne se
fait pas en ceste eglise-là, disait-il à ce dernier,
pourquoi leur permettroit-on de sonner là où ils ne
disent ni ne peuvent dire? Une cloche ne peut servir
à Dieu et à Belial... » (2).

Pendant le Carême, qui s'ouvrit le 4 février, le
P. Chérubin prêcha plus d'une fois sur la place du
marché, et continua de provoquer le ministre.

Il y avait alors à Genève un professeur de théologie, Hermann Lignarius, Allemand de naissance,
qui passait pour un habile controversiste. Viret le
pria de venir à Thonon pour confondre le capucin.
Lignarius étant arrivé le samedi, 14 mars, veille des
Rameaux, la dispute commença le jour même en

pression ou les menaces (lettre du 31 décembre). Une ambas-
sade bernoise qui vint, dans les premiers jours de janvier,
présenter des remontrances au duc, ne put que confirmer
celui-ci dans ses dispositions. *(Revue sav.* 1872, p. 13 et 71.)

(1) Lettre du 12 février. (MIGNE, VI, 855.)

(2) Le duc, alors à Chambéry, se disposait à partir, à la
tête de son armée, pour chasser de la Maurienne le maréchal
de Créquy, que bientôt après (8 mars) il réussit à faire prisonnier avec tous ses soldats.

présence du baron d'Avully, de Claude Marin et de plus de deux cents hérétiques, et reprit le lendemain : elle roula sur l'existence du Purgatoire et sur l'authenticité du livre des Machabées. Elle devait continuer le lundi ; mais le professeur partit le matin pour Genève, tout en promettant de revenir après Pâques, ce qu'il ne fit pas.

Sa fuite suffirait à prouver sa défaite ; mais nous avons, en outre, le témoignage du baron d'Avully, qui nous a laissé l'analyse de cette conférence (1), et celui de Claude Marin qui, étant allé, peu de jours après, voir François de Sales à Thorens, lui dit : « Le P. Chérubin s'est comporté très bravement, avec une grande dextérité, et l'Allemand, malgré la subtilité de son esprit, a été fort embarrassé avec lui (2). » Le P. Chérubin, du reste, ne se fit point faute d'annoncer du haut de la chaire qu'il était prêt à continuer la dispute, priant les assistants d'en informer le ministre.

 * Cette victoire inspira au Père et au baron d'Avully la pensée de célébrer à Thonon les prières des Quarante-Heures, comme on avait fait l'année précédente, au bourg d'Annemasse, et de les terminer par des disputes théologiques, auxquelles on invite-

(1) D'Avully, *Lettre à M. de Charanson*, Lyon 1598.
(2) Migne, VI, 566.

rait les hérétiques de Genève et des environs. Ils espéraient par là secouer l'âme des calvinistes encore indécis. Ils soumirent leur projet à Mgr de Granier et au prévôt, qui y applaudirent de tout cœur ; Mgr de Granier en écrivit de suite au pape, le suppliant d'accorder une indulgence plénière à tous ceux qui, confessés et communiés, viendraient à la cérémonie et feraient une heure d'adoration devant le Saint-Sacrement exposé. Le prévôt, de son côté, en écrivit au nonce (1).

* Toutefois, avant de rien commencer, le P. Chérubin jugea opportun d'aller lui-même auprès de l'évêque traiter de ces graves questions. En annonçant son départ à la foule sur la place, le jour du marché, il déclara qu'il s'engageait à revenir aussitôt que le professeur Lignarius serait disposé à continuer la conférence, suivant la promesse qu'il en avait faite.

* Le vaillant capucin s'achemina donc vers Annecy ; toutefois, il s'arrêta, le 8 d'avril, au château de Sales, afin de s'y aboucher avec le prévôt qui, depuis quelques jours, s'y reposait au milieu des siens.

------

(1) MIGNE, VI, 566.

CHAPITRE XIV.

François retourne en Chablais ;
il y établit de nouveaux curés.

1598. — Nous avons vu que, sur le point de partir pour l'Italie, François avait été saisi d'une violente fièvre qui mit sa vie en danger. Cette « maladie, âpre et longue », fit éclater, d'une part, la patience admirable et la résignation du saint ; de l'autre, l'affection ardente et la vénération que lui portaient l'évêque, les chanoines et la ville entière. Il y eut une nouvelle crise le 4 janvier ; mais elle fut de courte durée et le malade entra bientôt en convalescence.

En attendant le retour d'une santé suffisante pour faire le voyage de Rome, François s'essayait à recueillir des matériaux pour sa *Défense de l'Etendard de la sainte Croix* contre La Faye, tout en s'intéressant de loin, comme nous l'avons dit, à ses chers néophytes de Thonon.

* Après la fête de Pâques — qui tomba, cette année, le 22 mars, — il se rendit au château de Sales pour y saluer ses parents. Il y était depuis quelques jours, lorsque tout à coup la peste se déclare dans la ville d'Annecy (1er avril), où elle exerce les plus grands ravages. Tandis que les habitants fuient en masse, l'évêque refuse de partir et brave résolûment le fléau. Des prêtres courageux, notamment le P. Jean de Maurienne, capucin, imitent son exemple et se dévouent au service des malades. A cette nouvelle, François fait demander à son évêque la permission de les rejoindre (1) ; mais, loin de condescendre à son désir, Mgr de Granier lui ordonne de s'éloigner du foyer pestilentiel et de se rendre à Thonon.

Toujours obéissant, le prévôt se disposait à quitter le château de Sales, quand le P. Chérubin y arriva. Ce dernier lui raconta ses travaux et ses luttes en Chablais, sa dispute avec Lignarius. Ils parlèrent ensuite des moyens les plus propres à faire réussir les Quarante-Heures à Thonon, où l'on attendait une foule de gens venant des contrées voisines, d'établir une imprimerie dans le diocèse, etc., etc.

(1) CHARLES-AUGUSTE, I, 195. Cet auteur se trompe toutefois en un point : l'évêque n'était pas à Ville, mais *en ville*.

8.

* Deux jours après, soit le 10 avril, François, écrivant ces détails au nonce, lui demande en même temps pour trois ou quatre des prêtres, qui seront employés aux Quarante-Heures, la faculté d'absoudre des cas réservés ; puis il ajoute : « Je vais aujour-
« d'hui à Thonon où je suis necessaire pour un peu
« de tems. J'y dresseroi le catalogue des catholiques,
« qui se sont faits pendant ces trois années passées,
« pour vous l'envoyer, afin que par ce moyen vous
« encouragiez Sa Saincteté à nous accorder les grâ-
« ces qui sont nécessaires pour nostre œuvre. Nous
« n'avons presque d'autre ami à la cour que le duc de
« Savoie qui cependant nous aide peu, parce que l'on
« laisse ses ordres sans exécution. Il est vraiment
« très zélé, mais il ne peut pas estre obey…, etc. (1). »

Les catholiques de Thonon éprouvèrent une joie inexprimable en revoyant l'apôtre si aimé qui, le premier, leur avait apporté les lumières de la vraie foi.

Grande aussi, mais bien tempérée, fut la joie du prévôt, en retrouvant ses chers enfants. Il constatait que le nombre des conversions n'avait guère augmenté. Grâce aux succès du P. Chérubin, les bourgeois protestants étaient devenus moins insolents, moins fiers ; il n'en étaient pas moins « rebelles à la

(1) Migne, VI, 912.

lumière ». La campagne, par contre, montrait « une incroyable disposition à la foy catholique » et réclamait à grands cris des prêtres : car, selon la remarque du prévôt, « c'est l'ordinaire que les pauvres et simples embrassent plus volontiers le cruciflx que les riches et sages mondains ». Malheureusement, les chevaliers des SS. Maurice et Lazare s'entêtaient de plus en plus dans leur misérable égoïsme. L'année précédente, comme nous l'avons dit, au lieu de six pensions qu'ils avaient promises pour les curés, ils en avaient à peine servi trois ; et, cette année, loin d'en augmenter le nombre, ils paraissaient vouloir supprimer celles déjà concédées.

* Diverses paroisses ayant pris le parti d'envoyer des députés à S. A. pour lui demander les moyens de réparer leurs églises, François remit à ces députés des lettres par lesquelles il supplie le duc de commander à ses officiers en Chablais « de faire saisir « sur le revenu des cures ces six pensions, au profit « des trois curés déjà constitués, et de trois autres « qu'on y établira tout aussitôt que l'on aura le « moyen de les entretenir. Autrement le service « cessera tout à coup là où il est commencé, (ce) « qui sera un grand scandale et perte d'âmes, et ne « se treuvera personne qui veuille plus y aller... » Il supplie encore le duc de montrer à ces députés « la grandeur de l'affection qu'il a à l'honneur de Dieu,

puisque l'accueil et faveur que leur simplicité recevra de Son Altesse servira de mesure et de règle à tout le reste du Chablais et même à ceux de la ville de Thonon (1) ».

Sur ces entrefaites, François apprit que, par l'entremise du pape, la paix venait d'être signée à Vervins, le 2 mai, entre la France et l'Espagne, et que le duc de Savoie y avait été compris, sous réserve toutefois des droits de la France sur le marquisat de Saluces. Cette nouvelle le réjouit fort, en lui faisant espérer que Charles-Emmanuel, délivré des embarras et des soucis de la guerre, pourrait s'occuper sérieusement de la restauration des églises dans les bailliages.

* Il eut, vers le même temps, la nouvelle que le président Favre devait se rendre en Italie pour les affaires de la duchesse de Nemours. Il se rendit au château de Sales, dans l'espérance, sans doute, d'accompagner son ami ; mais l'évêque était au début de sa quarantaine à Vignières (hameau d'Annecy-le-Vieux) ; on ne put l'aborder ni obtenir les papiers nécessaires pour le voyage de Rome : François dut se contenter de remettre à Favre des instructions et

______

(1) MIGNE, VI, 577. Cette lettre et plusieurs autres (voir MIGNE, V, 415), démontrent jusqu'à l'évidence que les biographes du saint se trompent en lui faisant établir de huit à dix curés en Chablais dès le printemps de 1597.

des lettres pour le pape et pour le nonce. La lettre à
ce dernier (du 18 mai) était ainsi conçue :

« Le président Favre va à Turin et de là à Fer-
« rare ; c'est... le phénix de la Savoie. J'avais un
« incroyable désir de faire le voyage avec lui, parce
« qu'étant le seul entre les laïques qui sçache par-
« faitement ce qui s'est fait dans ce pays et ce qui
« s'y doit faire pour la sainte foy, il auroit esté cer-
« tainement d'un grand secours pour l'affaire que
« nous avons à traicter avec Sa Saincteté. Mais mon
« evesque, n'ayant pas fait la quarantaine qui est
« en usage pour la contagion, n'a pas voulu faire
« les escrits necessaires pour mon voyage ny de-
« mander permission à S. A. pour le passage, crainte
« de donner quelque inquiétude à Sa Saincteté et à
« Vostre Ill^me Seigneurie.

« J'ay entre les mains les lettres que le duc de
« Savoie a escrites au pape et aux cardinaux, dans
« lesquelles il prie tres instamment le Sainct Siège
« de rendre les cures des bailliages à l'usage des
« prêtres qui y fassent le sainct service. Je n'ai pas
« voulu les exposer au danger qu'il y a eu jusques à
« present dans les routes, d'autant plus que je
« croyois de jour en jour en estre moy-mesme le
« porteur. Mais maintenant que je vois que ces let-
« tres vieillissent et que si la provision de Sa Sainc-
« teté pour ceste restitution ne vient pas avant la

« recolte, la chose sera retardée jusqu'à une autre
« année, où Dieu seul sait si nous serons en vie, je
« les ai remises au president pour qu'il les donne à
« Vostre Ill^{me} Seigneurie, protectrice de toute ceste
« affaire. Vous pourrez, en les accompagnant d'une
« recommandation très forte et très chaude en faire
« porteur le president qui est l'homme le plus fidèle
« et le plus zélé que l'on puisse trouver... Il est
« tems que desormais à Genève et dans le voisinage
« on fasse des entreprises pieuses en grande quan-
« tité : predications, conferences, petits livres et
« autres choses semblables, pour relancer le renard
« dans sa tanière. Une des choses les plus propres à
« cest effect seroit d'avoir à Annecy un imprimeur.
« Les hérétiques répandent au-dehors à tout moment
« des livres très contagieux ; tandis que plusieurs
« petits ouvrages catholiques restent entre les mains
« des auteurs, parce qu'on ne peut pas les envoyer
« avec sûreté à Lyon et qu'on n'a pas la commodité
« de les imprimer... (1). »

* Le prévôt attendit sans doute que l'évêque eût
fini sa quarantaine. Ce terme expiré, il descendit le
voir, et remonta à Sales, d'où, le 13 de juin, le jour
même que la paix était publiée dans la ville d'An-

(1) Migne, VI, 914.

necy, il écrivait au nonce : « Parmi les biens infinis
« que plusieurs serviteurs de Dieu attendent de ceste
« heureuse paix, il en est un fort desirable, c'est
« que le roy de France, invité par le Saint Siege,
« s'employe vivement à procurer que la ville de Ge-
« neve ouvre ses portes à l'exercice du culte catho-
« lique... ce sera couper le calvinisme dans la racine.
« Le duc de Savoie fera de son costé pour cela toutes
« les instances possibles. Le P. Cherubin a sur cest
« object plusieurs bons et particuliers avis qu'il vous
« communiquera certainement ; je vous prie de les
« prendre en grande considération... (1). »

Quatre ou cinq jours après son entrevue avec
l'évêque, François reprit le chemin du Chablais. Il
emportait avec lui quelques fonds et, de plus, emme-
nait un certain nombre de prêtres et de chanoines,
destinés soit à lui servir d'auxiliaires (2) soit à fonder
de nouvelles paroisses.

* C'est en effet dans le courant de cet été, qu'il

-----

(1) Migne, VI, 913.

(2) On voit, en ce temps-là, apparaître à Thonon un Pierre
Bouverat, vicaire (Charles-Auguste de Sales, page 202), et un
Clerc ou Clerici, que François de Sales désirait faire nommer
curé de la ville. « Il y ferait rage, disait-il, pour bien tenir
l'église et instruire la jeunesse » (lettre du 6 août) ; enfin un
Petitjean, *convicaire*.

plaça des curés dans trois des principaux centres du Chablais, savoir à Bons, Bellevaux et Douvaine. Douvaine fut confié à l'un des chanoines de la cathédrale, Mre Claude Grandis, de Talloires, qui était à la fois théologien habile et prédicateur éloquent († 1617). Bons eut pour curé Mre Jean Mangier, natif de Vollognat en Valromey, qui mourut en 1618 et « fut exemplaire, grand catéchiste, ennemi juré de l'hérésie » (1).

Enfin le prévôt conduisit à Bellevaux un prêtre non moins distingué par sa science et son talent pour la prédication ; il se nommait Claude Chevallier. A leur arrivée dans ce village, qui était l'un des plus attachés à l'hérésie, ils ne trouvèrent personne qui voulût les loger ; ils n'obtinrent même qu'avec peine, et en le payant très cher, un pain de son avec un peu de *tomme* (fromage du pays) qu'ils mangèrent assis sur le bord du chemin, et qu'ils arrosèrent d'eau fraîche. François, habitué à ces privations, se réjouissait d'imiter la pauvreté des premiers disciples de Jésus-Christ. « Voicy une vie apostolicque », disait-il gaiment à son compagnon. Chevallier entra parfaitement dans les sentiments du saint ; il ne se découragea pas d'un si dur commencement et travailla avec tant de zèle dans cette vigne aride,

(1) Reg. par. de Bons.

que les fruits dépassèrent toutes ses espérances (1).

Vers ce même temps, François eut le bonheur de ·vaincre les dernières hésitations d'un gentilhomme calviniste, nommé Ferdinand Bouvier, un des ancêtres de M. le baron d'Yvoire. F[d] Bouvier, gentilhomme de Villeneuve, était au nombre des Vaudois qui avaient dû se sauver de leur pays à la suite d'un complot (2) contre la domination bernoise (1588). Il

(1) Ch.-Aug. DE SALES, I, p. 177. Dans sa lettre du 6 août, à Claude Marin, François de Sales disait : « Il serait bon que M. Chevallier, qui a commencé à Bellevaux, poursuivit. » — Charles-Auguste met au nombre des paroisses organisées à la même époque, celles de Saint-Cergues et d'Yvoire. Ces deux églises n'étaient pas encore ouvertes au culte catholique à la fin d'octobre 1598.

(2) Châtelain de la puissante forteresse de Chillon, Bouvier avait résolu, de concert avec un certain nombre de Vaudois, de secouer le joug abhorré de Berne. Malheureusement, le complot fut découvert. Le jour fixé pour l'exécution, Bouvier dînait au château en compagnie du bailli, lorsque tout à coup ce dernier, déroulant un message, lui dit : « J'en suis bien fâché, mon compère, mais je reçois l'ordre de vous retenir ici aux arrêts. » Sans se déconcerter, Bouvier lui répond : « Je dois vous obéir ; accordez-moi seulement la grâce d'aller chez moi mettre ordre à quelques affaires pressantes. Je ne vous demande que deux heures ; vous me donnerez une garde qui ne me quittera point et qui aura la consigne de me tuer si je cherche à m'évader. » Le bailli le lui accorde. Bouvier prend donc le chemin de Villeneuve suivi par des soldats ; arrivé à son castel, il les conduit dans sa cave et leur fait déguster les meilleurs vins. Mais tout à coup il s'élance au dehors, referme sur eux la lourde porte de chêne, entre dans son cabinet, brûle les papiers les plus compromettants, puis monte à cheval et met le Rhône entre lui et les agents de Berne.

avait habité quelque temps le Bouveret, puis était venu se fixer à Thonon où il vit parfois le prévôt de Sales, sans vouloir l'entendre. Un jour cependant qu'il se livrait à la chasse du côté de Bellevaux, en compagnie du marquis de Lullin, il avait aperçu dans les champs un certain nombre de gens réunis autour de François, lequel, assis sur une grosse pierre, exposé aux ardeurs d'un soleil brûlant, parlait avec véhémence ; il avait écouté lui-même, et la sagesse du langage autant que l'onction de l'orateur l'avait singulièrement frappé. Il eut, depuis, plusieurs conférences avec le saint apôtre.

Ces entretiens, le refus des ministres d'accepter une dispute publique, commençaient à faire pénétrer dans son esprit la foi aux mystères catholiques, lorsqu'elle fut ébranlée par la lecture d'un livre que le célèbre Duplessis-Mornay venait de faire paraître, sous le titre *De l'Institution de l'Eucharistie,* et dans lequel il attaquait violemment la messe. Après avoir lu ce livre, il le porte à François ; ne l'ayant pas trouvé, il le dépose sur sa table. François, de retour, le feuillette, en arrache quatre ou cinq pages remplies de calomnies et de blasphèmes et note les autres principales erreurs. Bouvier ne tarde pas à revenir. « Votre Duplessis-Mornay est le plus impudent menteur que je connaisse », lui dit le prévôt, lui montrant une foule de passages tronqués ou défigurés par l'auteur. Bouvier, stupéfait, en parla aux ministres. Ne recevant aucune réponse plausible, il résolut d'abjurer le calvinisme ; ce qu'il fit deux ou trois mois après.

Tandis qu'il ramenait ainsi tous les jours au bercail quelque brebis égarée, le prévôt reçut un messager de sa mère. Celle-ci venait d'arriver au château de Brens, avec trois de ses fils et sa fille Gasparde, qui tous désiraient extrêmement le voir ; elle avait, en outre, à lui parler d'affaires de famille assez importantes. Le saint lui renvoya cette admirable réponse : « Ma chère mère, votre invitation est une tentation et un stratagème de l'ennemi : car il y a ici tant d'enfants de Dieu qui sont mes frères et mes sœurs par la grâce, que je ne pourrois sans infidélité quitter leur service pour une petite complaisance naturelle. » (1)

____

(1) BAUDRY, II, 114.

CHAPITRE XV.

Les premières Quarante-Heures de Thonon.

Au cours de tous ces événements, l'époque fixée pour les Quarante-Heures (25 juillet) approchait. Mgr de Granier, comprenant qu'elles ne se pouvaient célébrer sans l'assentiment et l'appui de S. A., envoya à Chambéry le P. Chérubin (1) pour négocier

(1) Le P. Chérubin ne restait, en effet, pas inactif. Depuis le jour où nous l'avons vu s'aboucher à Sales avec le prévôt (10 avril), le zélé missionnaire avait mis tout en œuvre pour hâter la célébration des Quarante-Heures de Thonon, où l'on espérait attirer 40,000 personnes, et la dispute publique, pour laquelle il demandait deux Pères Jésuites, entre autres, le P. Lorini, dont le prévôt lui-même faisait grand cas. (Voir PERATÉ, lettre du 25 avril, datée de Sales.) Dans le courant de juin, il vit longuement l'évêque et l'entretint des dispositions du peuple genevois à accepter dans leur ville le libre exercice du culte catholique, si le roi de France l'exigeait, et même à se convertir. Il répète les mêmes affirmations dans diverses lettres au nonce, datées de Bonneville ou d'Annecy. (Voir PERATÉ.)

cette affaire. Le duc, non content d'en approuver le dessein, voulut que les exercices se fissent avec tout l'appareil possible, s'engagea à fournir toutes les dépenses, donna ordre d'envoyer à Thonon le décorateur de la cour, avec de riches tapisseries, et promit d'assister lui-même à la cérémonie, qu'il fixa aux premiers jours du mois d'août (1).

Le P. Chérubin vint apporter ces heureuses nouvelles à Thonon, et se remit, sans délai, à provoquer les apôtres de l'hérésie. Après avoir fait afficher sur la place un sauf-conduit revêtu du sceau ducal, il somma les ministres de Berne et de Genève de venir continuer la conférence commencée par Lignarius cinq mois auparavant. Voyant que cette attitude provocante du capucin impressionnait fortement les calvinistes, Viret partit pour Berne ; de son côté, le syndic Desprez écrivit à Genève lettre sur lettre pour conjurer le conseil d'envoyer des gens capables de soutenir la discussion. Les ministres répondirent qu'ils ne pouvaient rien faire sans l'assentiment de Berne. Pressés par les magistrats, ils firent semblant d'entrer en négociations, mais ils ne cherchaient qu'à gagner du temps (2).

(1) Peraté, page 48. Le pape, de son côté, envoya une certaine somme.

(2) Voir le récit de ces négociations, qui durèrent plusieurs mois, dans la *Vie du P Chérubin* de M. Truchet.

* Au moment où le P. Chérubin revenait à Thonon, François de Sales, de son côté, partait pour Chambéry. Le duc Charles-Emmanuel et l'ambassadeur du roi de France, ayant décidé de jurer solennellement dans cette ville la paix conclue à Vervins, les évêques de Genève, de Belley et de Maurienne y furent convoqués, et Mgr de Granier voulut s'y rendre accompagné du prévôt. La cérémonie se fit, le 2 du mois d'août, dans l'église de Saint-François, l'évêque de Saint Paul-Trois-Châteaux tenant les saints Evangiles.

* Le lendemain, S. A. eut avec le prévôt quelques instants d'entretien, fixa les Quarante-Heures au 15 du mois, lui promit d'y aller, et de s'y montrer favorable aux nouveaux convertis, spécialement aux pauvres.

* En quittant S. A., François se rendit à Annecy, puis à Sales, d'où il écrivit au procureur fiscal du Chablais (1). Il le chargeait de trouver, chez M. d'Allemand ou chez tout autre catholique, un appartement pour l'évêque et une pension pour les musiciens qui devaient assister aux Quarante-Heures.

Quatre ou cinq jours plus tard, il prit lui-même le chemin de Thonon. A peine arrivé, il apprend que la

(1) BOUCHAGE, *Notes historiques sur saint François de Sales*. Cette lettre est datée du 6 août.

cérémonie est renvoyée au 23 août (1) et que le
comte de Martinengue, avec ses troupes, doit passer
à Thonon. Il envoie aussitôt à ce dernier un messager, avec une lettre, pour le détourner de son dessein.
« Si vous agissez ainsi, lui dit-il, il est certain que
« la célebration des 40 heures ne pourra se faire
« d'aucune manière. Les habitans, surchargés de
« soldats, ne pourront y assister ; au contraire,
« comme ils l'ont resolu, ils laisseront les maisons
« vides et passeront le lac ; les étrangers ne vien-
« dront pas ; et alors cette devotion preparée avec
« tant de sacrifices et de fatigues, tant d'esperance
« d'un bon succès... se resoudra en fumée. Ce ne
« sera pas sans un mauvais exemple et un très grand
« scandale pour les catholiques et les heretiques, et
« la perte d'une occasion qui ne se retrouvera ja-
« mais de porter des fruicts parmi ces habitans ;
« enfin Sa Béatitude et Mgr le nonce en esprouve-
« ront un tres grand desplaisir. En consequence,
« nous supplions V. E., avec toute l'humilité possi-
« ble, et nous la conjurons, par les entrailles de Je-
« sus-Christ et par ce sang qu'il a respandu pour
« les âmes, dont nous operons le salut par le moyen
« de ceste devotion, de daigner prendre une autre

(1) Voir ses lettres au prévôt de Fribourg du 12 et du 20
août. (MIGNE, VI, 916, 917.)

« route pour son voyage et de laisser celle-là libre
« au Sauveur... (1). »

Si le zélé missionnaire s'efforçait ainsi d'écarter
les obstacles qui auraient pu empêcher le succès des
Quarante-Heures, Dieu de son côté voulut, en glori-
fiant son serviteur fidèle, disposer les esprits à l'é-
couter et à profiter de la grâce.

Un jour, François rencontre une femme en pleurs,
qui s'en allait demander une place au cimetière de
Saint-Bon pour le corps de son enfant, mort sans
baptême. C'était une hérétique obstinée qui, à tous
les arguments, à toutes les instances du prévôt,
avait toujours répondu qu'elle ne quitterait jamais la
religion protestante, parce qu'elle y était née. Mais,
à cette heure, la douleur avait brisé l'âme de la
pauvre mère. Elle se jette aux pieds de l'apôtre et
s'écrie avec des sanglots dans la voix, toute inondée
de larmes : « Rendez-moi mon enfant, au moins
assez de temps pour qu'il puisse recevoir le baptême,
et je me ferai catholique. » François, vivement at-
tendri, brûlant du désir de sauver ces deux âmes, se
jette à genoux et conjure le Dieu des miséricordes
d'avoir pitié de la mère et de l'enfant. Sa prière fut
exaucée : en rentrant chez elle, la mère trouve vivant le cher fils dont elle pleurait la perte. A cette

(1) Migne, VI, 567.

vue, elle le prend dans ses bras et court aussitôt le porter à l'église en remplissant la ville des transports de sa joie. Cet évènement fit grand bruit ; le P. Chérubin ne craignit pas d'en parler du haut de la chaire, et comme l'enfant vécut encore deux jours, chacun put aller constater le miracle. La mère, fidèle à sa promesse, se fit catholique avec toute sa famille ; plusieurs calvinistes imitèrent leur exemple (1).

Cependant, Charles-Emmanuel retardant toujours son arrivée, l'évêque, qui se trouvait alors à son château de Thiez, près de Viuz-en-Sallaz, lui dépêcha le P. Chérubin pour le presser de venir et le prier en même temps de lui donner un coadjuteur dans la personne de celui que Dieu semblait avoir désigné lui-même par ce prodige éclatant. Le prince

(1) Déposition du seigneur de Charmoisy, de P. Bouverat et de plusieurs témoins oculaires. Les biographes modernes disent que la mère portait elle-même au cimetière le corps de son enfant. Ni M. de Charmoisy, ni F. Favre, ni Charles-Auguste de Sales, ni Mgr de Maupas ne mentionnent ce détail. D'après M. Vittoz, la chapelle, dont on voit encore les murailles à l'entrée du cimetière de Thonon, aurait été construite en souvenir de ce prodige. Cette assertion nous paraît hasardée. Nous avons sous les yeux l'acte par lequel P. Bouverat, après avoir *rebâti* la chapelle du cimetière de Saint-Bon, « dont il ne restait plus que des masures », la dote en y fondant huit messes basses. Or, il n'y est pas fait d'allusion au fait précité. (22 juin 1632 ; Arch. de l'évêché.)

9.

accueillit favorablement cette dernière demande et, par lettres-patentes du 29 août, datées du camp de Barraux, il suppliait le pape d'agréer la présentation de François de Sales comme coadjuteur de l'évêché de Genève avec future succession (1). Il fixa ensuite définitivement les Quarante-Heures au 20 septembre.

* A cette nouvelle, l'évêque quitta son château pour venir à Thonon diriger les préparatifs de la grande solennité.

Mais voilà que survient un nouveau contre-temps. Charles-Emmanuel, ayant appris que le légat du pape, Alexandre de Médicis, sur le point de regagner l'Italie par le Grand-Saint-Bernard, devait traverser le Chablais dans les premiers jours d'octobre, invita l'évêque à attendre le passage de Son Eminence, dont la présence donnerait aux fêtes un très grand éclat. Il écrivit ensuite à François (2) que la cour et le légat arriveraient le 28 septembre, et que lui-même les précéderait de quelques jours.

Les missionnaires, grandement affligés de ce nouveau retard, firent observer que cela pouvait refroidir la dévotion des peuples du voisinage et compromettre le succès des Quarante Heures, qu'il valait mieux les donner à l'époque fixée et en célébrer de nouvelles à

(1) Migne, VI, 571.
(2) Ibid., VI, 572.

l'arrivée du cardinal et de S. A. L'évêque se rendit
à leur avis.

L'église de Saint-Hippolyte n'étant pas assez vaste
pour contenir l'immense foule qu'on attendait, et le
nombre des protestants diminuant de jour en jour,
on résolut de reléguer leur culte dans le chétif temple qu'ils avaient ou qu'ils se bâtirent sur le plateau
de Crête et de leur enlever celui de Saint-Augustin.
Le P. Chérubin fit donc élever, sur la place contigue
à ce temple, un vaste oratoire en charpente où l'on
devait exposer le Saint-Sacrement, et, tout auprès,
un théâtre simple et modeste.

* Le 19, soit la veille des solennités, Mgr de Granier, après avoir donné, dans l'église de Saint-Hippolyte, la confirmation et les Ordres sacrés du sous-
diaconat et de la prêtrise (1), réconcilia l'église de
Saint-Augustin au milieu des transports de joie de
tous les catholiques ; il consacra le maître-autel, sur
lequel il fit apporter la pierre sacrée qui, depuis la
Réforme, servait de table à l'hôtel-de-ville ; il bénit
aussi un certain nombre de croix destinées à être
placées sur les avenues des grands chemins du Chablais, et donna ordre que chacune des processions qui
viendraient aux Quarante-Heures, en emporterait
une pour la planter au lieu qui lui serait désigné.

(1) Registres de l'évêché.

Pendant ces préparatifs, on vit affluer à Thonon un nombre prodigieux d'étrangers qui accouraient des contrées voisines, telles que la Savoie, la Suisse, le Vallais, la cité d'Aoste, la Bresse et même la Bourgogne.

Ce fut au milieu de ce concours de peuple, qui s'augmentait d'heure en heure par l'arrivée des pèlerins et des curieux venus des diverses parties du Chablais, que le dimanche, 20 septembre, s'ouvrirent les Quarante-Heures. Mgr de Granier célébra la messe pontificale dans l'église de Saint-Augustin, décorée avec pompe ; puis, portant solennellement la Sainte-Hostie, il parcourut, à la suite du peuple, les rues de la ville et revint déposer le Saint-Sacrement sur son trône. Dès ce moment jusqu'à la fin des exercices, les processions se succédèrent dans l'Oratoire et vinrent, les unes après les autres, faire une heure d'adoration. Les confrères de Taninges entrèrent les premiers et furent harangués par le P. Chérubin ; puis ceux de Boëge, « auxquels l'apostolique François de Sales fit la prédication, traictant doctement et elegamment à son accoustumée de la realité et dignité de l'Eucharistie ». Les autres processions entendirent tour à tour les deux vaillants apôtres, le P. Gallesius, de l'ordre des Frères Mineurs, et le P. Saunier, jésuite.

La foule, condamnée à rester dehors, assistait,

pendant ce temps, à de pieuses scènes qui se jouaient sur le théâtre voisin.

Le lundi, arriva, dès l'aube, une procession interminable de catholiques, nu-pieds, venant de Cluses, de Sallanches et même des plus hautes montagnes du Faucigny, conduits par Mgr Pobel (1), évêque de Saint-Paul-Trois-Châteaux, qui officia ce jour-là. Après la messe, ceux d'entre eux qui portaient les instruments de la Passion montèrent sur le théâtre, où l'un des acteurs, s'étant prosterné à deux genoux, entretint l'auditoire avec une onction si pénétrante que les assistants, au nombre de trois mille, éclatèrent en sanglots. Défilèrent ensuite la procession de Bonneville, celle des nobles Chablaisiens, conduits par le gouverneur des Allinges ; puis celle d'Evian, précédée d'une troupe de personnes, habillées en anges, qui portaient les instruments de la Passion et qui, montées à leur tour sur le théâtre, y représentèrent le prophète Elie « mangeant le pain qu'un ange lui bailla sous le genévrier lorsqu'il fuyoit la furie de Jesabel », figure du pain eucharistique.

Mais un spectacle, plus touchant encore, fut

(1) Thomas Pobel, fils de Catherin Pobel, de Bonneville, qui fut premier président du Sénat de Savoie, avait été nommé, en 1570, à l'évêché de Saint-Paul-Trois-Châteaux (Drôme), qu'il ne put jamais occuper par le fait des protestants. Il possédait en commende les prieurés de Ripaille et de Peillonnex, le doyenné de Sallanches et l'abbaye d'Entremont.

celui que présentèrent les processions des nouveaux convertis, qui venaient solennellement abjurer l'hérésie. Ils s'agenouillaient un par un, à la porte de l'église, devant l'évêque revêtu des ornements pontificaux. Le converti, répondant aux questions du pontife, faisait un acte de foi sur chacun des articles du Symbole des Apôtres. L'évêque lisait ensuite l'exorcisme et traçait le signe de la croix sur le front du nouveau catholique, qu'on introduisait dans le lieu saint. Quand tous les habitants d'une paroisse avaient été introduits de la sorte, ils se prosternaient devant le maître-autel et, d'une voix unanime, ils déclaraient renoncer à leurs erreurs et juraient n'avoir d'autre foi que la foi de l'Eglise romaine (1). Venait ensuite le renouvellement des interrogations

(1) Voici, traduite du latin, la formule que le premier curé de Massongy a consignée dans ses registres :

Moi N... N..., le cœur contrit et humilié, je reconnais et confesse, devant la Très Sainte-Trinité, devant la cour céleste et vous ici présents, que j'ai gravement péché en adhérant aux hérétiques et en croyant à leurs diverses erreurs, particulièrement à celle-ci N... Mais, par la grâce de Dieu venant à résipiscence, de ma spontanée, libre et sincère volonté, j'abjure, je déteste et j'anathématise ces erreurs et toutes les autres, de quel nom et de quelle provenance qu'elles soient. J'adhère en toutes choses à la sainte Eglise romaine ; je confesse de cœur et de bouche et promets de garder toujours inviolablement désormais cette foi que tient, observe et prêche l'Eglise de Rome. Tout cela, je le promets et le jure. Que Dieu et son saint Evangile me soient en aide.

et des promesses du baptême. Enfin, l'évêque terminait la cérémonie en invoquant sur leur tête l'Esprit de lumière, de force et de sagesse.

* On vit d'abord défiler les habitants de Bellevaux, au nombre de 300 personnes, dont 110 hommes ; ceux de Reyvroz, Vailly et Lullin, au nombre de 410 ; ceux de Saint-Cergues, portant à leur tête la croix et la pixyde qu'ils avaient soustraite à la recherche des Bernois en les cachant entre deux murailles (1) ; enfin, si l'on en croit Charles-Auguste de Sales (2), des paroissiens de Fessy, de Perrigny et du bailliage de Ternier.

Une procession générale, dans laquelle on reporta le Saint-Sacrement à l'église Saint-Augustin, termina ces pieux exercices où les miséricordes divines dépassèrent les espérances des missionnaires. Les protestants, subjugués par l'attitude admirable des pèlerins, avaient fermé leurs boutiques ; ils avaient même, pour la plupart, assisté à ces émouvantes cérémonies ; ils avaient entendu les prédications qui dissipèrent leurs doutes et touchèrent bien des cœurs.

(1) *Vie du B. François de Sales*, I, 204.
(2) *Ibid*. Cet auteur fait arriver les gens de Bellevaux dès la matinée du dimanche ; mais, la liste des convertis, conservée dans les archives du Vatican, les inscrit le lundi 21, et ne fait venir ceux de Perrigny, etc., que le 1er octobre. Il est possible aussi que, bien qu'inscrits le même jour, les habitants de certaines paroisses soient venus par groupes détachés.

Aussi le ministre Viret et son compagnon, jugeant la place intenable, se hâtèrent-ils de quitter Thonon (1) pour n'y plus rentrer.

* Le matin du 22, Mgr de Granier, dans la maison de N^e Sachet, où il logeait, donna la tonsure et les ordres mineurs à cinq ou six jeunes gens, parmi lesquels figurait J.-F. de Sales, frère du prévôt. Le soir, ce dernier lui ayant amené une quarantaine de personnes qu'il avait instruites et préparées durant ce même jour, l'évêque reçut leur abjuration, leur donna l'absolution de l'hérésie et le sacrement de confirmation, et renvoya ainsi ces néophytes tout heureux dans leurs villages.

* Le 23, il admit au giron de l'Eglise les paroissiens de Draillant et quelques personnes des Allinges. Enfin, les jours suivants furent employés à préparer les secondes Quarante-Heures en même temps que la réception du légat et de S. A.

---

(1) Louis Viret fut ministre à Dampierre, puis à Lucens (Vaud), où il mourut en 1614. La fuite de Jean Clerc fut tellement précipitée, au dire de Ruchat, qu'il passa le lac avec sept petits enfants sans emporter autre chose qu'une pièce de quinze sous. C'est probablement le même que le Jacques Clerc de Thonon, ministre au pays de Gex de 1606 à 1641. (CLAPARÈDE, *Histoire des églises réformées du pays de Gex*, p. 342.)

CHAPITRE XVI.

Les secondes Quarante-Heures.

* Mgr de Granier, François de Sales et le P. Chérubin avaient, dès le 22 septembre, écrit au duc pour lui exposer les motifs qui avaient fait donner les premiers exercices et lui annoncer qu'on en célèbrerait de nouveaux et de plus solennels à son arrivée. Ils chargèrent de ces lettres Balthazar Maniglier, curé d'Annemasse. Celui-ci arrivant à Chambéry y trouva le prince qui partait pour aller à la rencontre du légat; il le suivit à Hautecombe et lui fit un récit détaillé de tout ce qui venait de se passer à Thonon, ajoutant qu'il y avait lieu d'espérer la conversion entière de la province, si S. A. daignait favoriser la religion catholique, sans s'arrêter aux raisons d'Etat que ses conseillers pourraient lui alléguer (24 septembre).

« Dieu soit à jamais loué et béni ! » s'écria le prince en levant les yeux au ciel. Puis, mettant la main sur la croix qu'il portait en qualité de grand-maître de l'Annonciade, il ajouta : « Je ne veux rien épargner, pas même mon sang, pour l'exaltation de la sainte Eglise et la conversion de mes sujets. » Il signa ensuite une ordonnance par laquelle il chargeait François de Sales de faire une distribution d'aumônes à Ripaille et à Filly. Il écrivit encore une réponse au P. Chérubin sur les épaules de Boursier, son secrétaire; et remettant l'ordonnance et la lettre au curé d'Annemasse, il lui dit : « Recommandez-moi aux prières de M. de Genève et de ses dignes collaborateurs. Je les verrai bientôt. »

Charles-Emmanuel s'embarqua sur le lac et descendit par le canal de Savière et le Rhône jusqu'à Chanaz. Ayant rencontré en ce lieu le légat et sa suite, il lui rendit les plus grands honneurs, l'accompagna à Chambéry et, prenant les devants, il se dirigea en toute hâte vers Thonon.

L'annonce de la prochaine arrivée du prince excitait dans cette ville des sentiments bien divers. Pendant que les catholiques, au comble de la joie, se préparaient à le recevoir avec la plus grande pompe, les bourgeois calvinistes, qui avaient, les années précédentes, ouvert leurs portes aux soldats de Genève, étaient plongés dans la consternation. Ils craignaient à bon droit que le duc ne voulût tirer vengeance de leur perfidie. Ils s'assemblèrent donc pour aviser aux moyens d'apaiser son courroux : ils n'en trouvèrent qu'un seul, celui de recourir aux bons offices de l'évêque. Les membres du consistoire, ayant à leur tête M. de Vallon, se rendent chez Mgr de Granier et le supplient, les larmes aux yeux, d'intercéder pour eux. Le pontife les accueille avec une cordialité touchante ; il mêle ses larmes aux leurs et promet de prendre en main leur cause.

Dans l'après-midi du 28, un imposant cortège se forma pour aller à la rencontre de S. A. L'évêque, accompagné de son neveu et du prévôt, ouvrait la marche. Venaient ensuite les bourgeois calvinistes, les gentilshommes et les autres habitants. On s'avance ainsi jusqu'assez loin hors de la ville ; enfin on rencontre le prince, qui, en apercevant l'évêque, descend de cheval et lui tend la main. Alors le prélat tombe à ses genoux, lui demandant avec larmes grâce pour les coupables. Tout le consistoire, également prosterné, attend avec anxiété son arrêt.

Charles-Emmanuel ne put tenir à ce spectacle ; il releva le prélat avec bonté en lui déclarant que, pour l'amour de lui, il pardonnait le passé et n'inquiéterait personne pour cette affaire. L'évêque, transporté de joie, le remercia de toute l'effusion de son cœur et lui adressant un discours de bienvenue, il le pria de faire sentir à tout le Chablais les heureux effets de sa clémence.

Le 30, le cardinal-légat arrivait à son tour. Les évêques de Genève et de Saint-Paul-Trois-Châteaux, suivis de tout le clergé, allèrent au-devant de lui à une lieue de la ville. Le duc, entouré de ses gardes et de la noblesse, l'attendait aux portes. Après avoir entendu les compliments d'usage, le légat se rendit à l'église de Saint-Hippolyte pour y adorer le Saint-Sacrement et, de là, à l'hôtel-de-ville, où son logement avait été préparé. A peine s'y fût-il reposé quelques instants que Charles-Emmanuel vint lui rendre visite, accompagné de l'évêque de Genève et de François de Sales. En présentant celui-ci au cardinal : « Voici le véritable apôtre du Chablais, lui dit S. A. ; c'est à lui que revient toute la gloire de la conversion de cette province. » A ces mots, l'humble François tombe aux genoux du légat qui le relève et l'embrasse avec effusion.

Le jeudi matin, 1er octobre, le duc étant allé prendre le cardinal à son logis, le conduisit à l'église Saint-Hippolyte, où l'attendait une bien touchante cérémonie.

Le légat, revêtu des ornements pontificaux, s'assit devant le grand-autel, le visage tourné vers le peuple ; à sa gauche était placé le duc de Savoie, après lequel venaient le nonce Gonzague, évêque de Mantoue, l'évêque de Genève, l'évêque de Torcelle (Lombardie), celui de Termoli (Naples), celui de Saint-Paul, le général des Observantins, l'auditeur de rote, les référendaires et le protonaire apostolique de la suite du légat, les chevaliers de l'Annonciade, les théologiens et les autres ecclésiastiques de marque ; enfin, derrière eux, se tenaient debout les principaux gentilshommes de la cour. La foule du peuple remplissait la nef et les abords du temple.

Alors, un certain nombre de gentilshommes du Chablais, parmi lesquels Michel de Foras, seigneur du Bourg-Neuf (1), et plusieurs notables bourgeois de Thonon s'avancèrent, ayant à leur tête le ministre Pierre Petit, dont nous avons déjà parlé, et qui devait porter la parole au nom de tous. Le ministre débuta par un discours dans lequel, développant les motifs qui le ramenaient à l'Eglise universelle, il montra qu'elle seule possède les caractères distinctifs de la véritable Eglise de Jésus-Christ : l'unité de doctrine et de pasteurs, la sainteté démontrée par les miracles et l'apostolicité prouvée par la succession non interrompue des pasteurs depuis les apôtres ; il

(1) C'est le sexaïeul de M. le comte Amédée de Foras, grand-maréchal du prince de Bulgarie.

termina en demandant avec instance d'être admis dans son sein. Il fit ensuite la profession de foi et reçut l'absolution de l'hérésie et des censures qu'il avait encourues.

Les nobles et les bourgeois vinrent à leur tour abjurer le protestantisme et la cérémonie se termina par le chant solennel du *Te Deum*.

Après la messe, célébrée par l'évêque de Genève et chantée par les musiciens des deux chapelles du légat et du prince, la procession se déroula lentement dans les rues de la ville. Sous le dais tenu par le duc, par son frère, Amédée de Savoie, marquis de Saint-Rambert, et par les ambassadeurs de Fribourg, apparaissait la divine Hostie dans un ostensoir, étincelant de perles et de diamants, que portait Mgr de Granier ; derrière marchaient le cardinal, suivi des autres prélats, les gentilshommes et les bourgeois nouvellement convertis, un cierge à la main, et une multitude incroyable de fidèles accourus du Chablais et des provinces voisines. Les rues étaient magnifiquement ornées de verdure, de tapis et de tableaux.

En face de la maison où logeait l'évêque de Saint-Paul, on avait élevé un arc-de-triomphe à quatre faces, surmonté d'une pyramide et d'un château flanqué de quatre tours et garni de pièces d'artillerie ; au-dessous était un autel richement orné. Près de la pyramide, on avait représenté une nuée qui s'ouvrit, et il en descendit une blanche colombe qui, s'abaissant sur le légat et sur le duc, remit à chacun d'eux un compliment en vers, écrit en lettres d'or sur un fond d'azur. Alors une galère à trois rangs de rames, que l'on avait ingénieusement suspendue dans les airs, s'approcha du château et le canonna avec grand bruit. Le château riposta par plusieurs décharges d'artillerie. Devant le portail de l'église Saint-Augustin, on avait figuré une montagne dont le sommet laissait échapper des gerbes de flammes, tandis que de sa base jaillissait une eau pure et limpide.

La procession étant entrée dans l'église, l'évêque de Genève bénit le peuple et plaça la Sainte-Hostie sur le tabernacle. Alors le P. Chérubin monta en chaire et, prenant pour texte ces paroles de David : « Qui pourra raconter les effets de la puissance du Seigneur et annoncer dignement ses louanges », il fit le discours d'ouverture. François de Sales, parlant après lui, expliqua ces paroles de Notre-Seigneur : *Caro non prodest quidquam.* D'autres orateurs, parmi lesquels Louis de Sales, Rogès, Grandis et Nouvellet, chanoines, le P. Gallesius, etc., adressèrent des allocutions aux processions qui venaient du Chablais ou du Faucigny. Quelle que fut la route par laquelle elles arrivaient, on les faisait toutes passer par la place de l'Hôtel-de-Ville, soit pour la consolation du cardinal, soit pour vénérer la nou-velle croix de pierre que le P. Chérubin y avait élevée.

* L'après-midi, plusieurs groupes de calvinistes, au nombre total d'environ 500 personnes (1), venues de diverses communes du Chablais, se présentèrent dans l'église Saint-Hippolyte pour abjurer l'hérésie. Armoy, Le Lyaud, Orcier, Perrigny, Lully, Avully, Vigny, Brenthonne, Loisin et Bellevaux (2) défilè-rent successivement devant le légat, qui reçut lui-même un certain nombre d'abjurations et chargea l'évêque du diocèse et François de Sales de recevoir les autres.

Le deuxième jour, Charles-Emmanuel et sa suite qui, la veille, s'étaient confessés au prévôt de Sales, communièrent dans la même église, à la messe du P. Chérubin. Ils entendirent, à l'heure des vêpres, le sermon du P. Gallesius ; et vers le soir, ils assistè-rent à une imposante cérémonie. A l'entrée de Tho-non du côté des Allinges, au lieu dit PLACE DE LA CROIX, se dressait jadis une croix remarquable que l'hérésie avait abattue. Pour la remplacer, François en avait fait faire une autre fort grande, qu'on avait déposée dans l'église Saint-Hippolyte. Les confrères

(1) Lettre du P. Chérubin au nonce. PERATÉ, p. 52.
(2) *Mémoires de l'Acad. Salésienne,* II, 253. Bellevaux était représenté cette fois par 64 personnes, dont 22 femmes.

du Saint-Sacrement, suivis de S. A., des prélats et d'une immense foule, vinrent la chercher, la portèrent triomphalement à travers la ville et la dressèrent par la seule force des bras, au chant des cantiques, au bruit des trompettes, des tambours et des décharges de la mousqueterie. Le duc y aida de ses propres mains ; puis, se mettant à genoux devant le signe vénéré du salut, il l'adora et baisa avec respect. Les évêques, les seigneurs et les confrères en firent autant. Ils allèrent ensuite à l'église Saint-Augustin au sermon du P. Chérubin, qui parla du respect que nous devons à la croix. Le prince voulut rester dans le saint lieu jusqu'à ce que tout fût achevé. A deux heures après minuit, François de Sales prononça le sermon de clôture et les exercices se terminèrent, comme ils avaient commencés, par une procession solennelle du Très Saint-Sacrement.

Le cardinal de Médicis entendit encore, dans cette même matinée, un discours du prévôt et quitta Thonon, enchanté des choses admirables qu'il avait vues (1).

---

(1) L'*Année Sainte* affirme, à tort, croyons-nous, que le légat demeura encore trois jours à Thonon.

CHAPITRE XVII.

Retour en masse des Chablaisiens au catholicisme.

Le jour même où le cardinal partait de Thonon, des envoyés de Fribourg et de Berne s'y présentèrent, chargés d'une mission bien différente. Les premiers venaieut féliciter Charles-Emmanuel du rétablissement de la religion dans le Chablais ; les seconds, après avoir traité de quelques affaires, lui demandèrent d'y maintenir le libre exercice de l'hérésie. « Mais, leur répondit S. A., quand vous vous êtes « emparés de cette province, vous avez contraint le « peuple à embrasser vos nouvelles opinions ; main- « tenant que je l'ai recouvrée et que la presque to- « talité de mes sujets témoigne le désir que je réta- « blisse l'ancienne et véritable religion sur le pied « où elle était auparavant, vous ne devez pas trouver

« mauvais que moi, leur légitime souverain, je fasse
« à ma volonté. »

Cependant, comme la chose était des plus graves,
le prince convoqua son conseil pour le lendemain et
pria François de s'y trouver. Le jour suivant, dans
le but d'attirer sur ses délibérations les lumières du
Très-Haut, il entendit, avec toute sa cour, la première messe d'un prêtre récemment ordonné et voulut
être parrain de la fille d'un pauvre paysan nouvellement converti (1). Il se rendit ensuite au conseil.
Plusieurs furent d'avis de laisser trois ministres en
Chablais, parce que, disaient-ils, il était d'une sage
politique de ne pas se brouiller avec les Bernois
quand on était peut-être à la veille d'une nouvelle
guerre avec la France, pour la question du marquisat
de Saluces. Mais François de Sales combattit leur
sentiment : « Monseigneur, dit-il au prince avec une
« hardiesse apostolique, laisser les ministres en ceste
« province, c'est vous exposer à la perdre ; et (ce
« qui est bien autre chose) c'est perdre le ciel, dont
« un pied de largeur vaut plus que tout l'univers
« ensemble. Il ne peut y avoir d'alliance entre Jésus-
« Christ et Baal ; les ministres n'habitaient ceste
« contrée que par tolérance, rien ne vous oblige à

____

(1) Ce paysan s'appelait François Pàris. Vitroz, *Apostolat,*
p. 108.

« les y conserver contre l'interest de vos peuples. »
Charles-Emmanuel goûta cet avis, et l'un des membres du conseil ayant réitéré l'observation qu'il était imprudent de mécontenter les Bernois alors qu'une guerre avec la France était à craindre et pouvait leur fournir l'occasion d'envahir la province : « Moins de terre, davantage de ciel, répliqua-t-il. Que les ministres sortent de ce pays et qu'on n'en parle plus. » A dîner, ceux de Berne ayant insisté pour le maintien des trois ministres : « J'y consens, repartit le prince, à condition que vous recevrez aussi à Berne et à Lausanne les prêtres qu'il me plaira d'y envoyer. »

* Ces députés étant donc partis sans avoir pu rien obtenir, Charles-Emmanuel, tout préoccupé de consolider et d'achever la conversion du bailliage, adopta les mesures que lui proposait François de Sales. Il donna main-levée de tous les bénéfices à charge d'âmes de la province pour l'entretien des curés et autres ecclésiastiques qu'exigeraient l'instruction des peuples et le gouvernement des paroisses (5 octobre), décida que les revenus des autres bénéfices seraient consacrés, pendant trois ans, soit au rétablissement des églises ou des autels, soit aux autres besoins du culte ; enfin, par lettres du même jour, il donna commission à M\ :superscript:`re` Claude d'Angeville, primicier de la collégiale de La Roche, prieur de Douvaine, et au

procureur fiscal, Claude Marin, de faire un inventaire de tous ces bénéfices, de les saisir et de ne les employer que selon ses intentions et les ordres de l'évêque ou du prévôt.

Mais, considérant que la persévérance des nouveaux convertis ne serait jamais assurée, ni son autorité personnelle pleinement acceptée dans les bailliages tant que les principaux bourgeois de Thonon demeureraient calvinistes et prendraient le mot d'ordre à Berne ou à Genève, il résolut de faire un exemple : car, s'il avait promis d'oublier les défections passées, il devait en empêcher le retour. Il convoque donc pour le lendemain, 6 octobre, les nobles et les notables à la maison de ville et s'y rend lui même, accompagné des évêques de Genève et de Saint-Paul, de François de Sales et du P. Chérubin. Là, prenant la parole, il rappelle aux personnes convoquées tout ce qu'avaient fait pour les instruire les missionnaires envoyés par lui ; il félicite ceux qui se sont montrés dociles à leur enseignement et menace de son indignation ceux qui, non contents de persister dans l'hérésie, n'avaient pas même voulu prendre les moyens de connaître la vérité.

Le P. Chérubin leur adressa, à son tour, une brève allocution pour les engager à suivre les désirs de S. A. Quand il eut fini, Charles-Emmanuel, prenant un ton de maître : « Que ceux, dit-il, qui por-

« tent la Croix Blanche dans le cœur et qui sont de
« notre religion, ou qui désirent en être, se mettent
« à ma droite ; et que ceux, qui portent les noires
« couleurs de l'hérésie, passent à ma gauche. »

A ces mots, le plus grand nombre va se placer à
droite ; une quarantaine (1) de personnes se mettent à
la gauche. François de Sales s'approche alors de ces
derniers, leur représente qu'il s'agit, non de changer
de religion contre leur conscience, mais uniquement
de se laisser instruire et d'examiner mûrement les
preuves des deux croyances. Il les pressa avec tant
de bonté, tant de force que, cédant à ses sollicitations
et à celles des vénérables pontifes, la plupart passèrent à la droite. Il ne resta d'inflexibles qu'un petit
nombre de bourgeois ou de gentilshommes dont Ferd^d
Joly, le colonel Brotty et l'avocat Deprez étaient les
principaux. « C'est donc vous qui êtes ennemis de
Dieu et de votre prince et qui voulez me tenir tête,
s'écria Charles-Emmanuel s'adressant à ces derniers.
Retirez-vous, je vous donne trois jours pour évacuer
mes Etats. »

Ils sortent et se retirent à Nyon, de l'autre côté

(1) Ce chiffre, que nous donnons d'après M. Truchet, pourrait bien être exagéré. Le prince, en effet, ne voulait frapper
que les chefs, les meneurs du parti calviniste, ceux dont la
fidélité lui paraissait suspecte. Il ne demanda aux autres que
l'assistance aux prédications catholiques : encore cette assistance ne fut pas rigoureusement imposée.

du lac. Mais ils ne tardent pas à regretter leur obstination et à renoncer au calvinisme (1).

* En attendant, les habitants de la campagne, les uns gagnés depuis longtemps déjà, les autres entraînés par l'éloquence de prêtres zélés qui allaient prêcher dans leurs villages (2), continuaient de venir en masse à Thonon pour abjurer l'hérésie.

* Le 3 octobre, étaient arrivés les paroissiens de Machilly ;

Le 4, ceux de Bons et de Saint-Didier ;

Le 7, vinrent Ballaison, Douvaine, Filly, Messery, Hermance et Anières ;

Le 8, Cusy (Chens), Excenevex et Fessy ;

Le 9, on vit défiler, dans les rues, les habitants du bailliage de Ternier, venus de sept à dix lieues de distance : là étaient représentés Beaumont, Bernex,

(1) D'après l'*Année-Sainte*, Brotty, Joly et Després étaient déjà de retour le 18 octobre. Munis d'un sauf-conduit que François de Sales leur obtint, ils regagnèrent Thonon, et s'abouchèrent avec le saint apôtre qui les instruisit et reçut leur abjuration. Aux noms précédents on peut ajouter ceux de N. Cortagier, cordonnier, N. Meynet et N. Rolland, de Thonon, dont nous verrons la conversion plus tard ; celui de N° Charles Fornier, seigneur d'Yvoire ; celui de noble Isaac d'Allinges, alors âgé de 24 ans, qui se retira à Genève, mourut dans l'hérésie et vit ses biens confisqués.

(2) Citons les chanoines Théod. Warouff aux environs d'Yvoire et Thabuis à Saint-Cergues ; aux alentours de Douvaine, le P. Sébastien, capucin, qui, pour avoir occasion de catéchiser les paysans, travaillait avec eux dans les vignes. (CHARLES-AUGUSTE et Ch. DE GENÈVE.)

Chênex, Collonges-sous-Salève, Compesières, Confignon, Feigères, Lancy, Lully, Neydens, Saint-Julien, Thairy, Vers et Viry.

* Le 10, arrivèrent Saxel, Brens; Veigy, dont les hommes étaient conduits par le seigneur du lieu; Corsier, Chavanex, Sciez, Margencel, dont la procession portait à sa tête « la mesme croix que leurs pères et grands pères leur avoient laissé et donné charge de conserver tres soigneusement comme une arrhe asseurée de leur futur retour à leur saincte religion et obeyssance » ; enfin, la banlieue de Thonon, savoir : Tully, Rive et Vongy (1).

* Deux mille chefs de famille étaient ainsi, depuis deux ou trois semaines, venus demander pour eux, leurs femmes et leurs enfants, la faveur d'être admis dans le sein de l'Eglise romaine. D'autres se préparaient à le faire (2).

Aussi, dédaignant les menaces de Berne ou de Genève, Charles-Emmanuel signa-t il, le 12 octobre, les ordonnances suivantes :

(1) Les dates que nous venons de donner sont celles consignées dans la liste conservée aux archives du Vatican ; elles sont plus d'une fois en désaccord avec celles données par les biographes qui, par exemple, font venir la procession de Margencel le dimanche, 11 octobre.

(2) Le 14, vinrent les paroissiens d'Anthy et Mᵉ Jacques Buclin, de Cervens; le 19, ceux d'Yvoire. Enfin, le 9 novembre, ceux de Massongy, Nernier, Concise et Thonon. — Nous donnerons le nom de tous ces abjurants aux pièces justificatives (D).

1º Ceux qui possèdent des biens ou des revenus ecclésiastiques dans les bailliages ne pourront plus, directement ni indirectement, les confier à loyer ni à ferme à d'autres qu'à des catholiques sous peine de confiscation ;

2º Tout protestant, qui menacera les catholiques ou ceux qui désirent le devenir, sera puni d'une amende de mille livres ;

3º Les hérétiques sont déclarés incapables de posséder à l'avenir aucun emploi ou dignité publique, même celui de notaire ou de greffier, et ceux qui en possèdent en seront privés, s'ils persistent dans l'hérésie.

Désormais le protestantisme avait vécu en Chablais et dans le bailliage de Ternier. Il restait bien encore un tiers environ des habitants qui n'avaient pas abjuré le calvinisme ; mais la plupart étaient ou décidés à le faire à bref délai ou déjà fortement ébranlés.

* Attristé de ce « naufrage quasi général » de ses coreligionnaires, un syndic de Thonon, encore calviniste, M. Després, envoyait à Genève lettre sur lettre pour décider les ministres à accepter enfin cette conférence publique qu'ils avaient toujours refusée.

« Pour l'espérance du résidu qui demeure encore « sur pied par la grâce, disait-il, je vous supplie au

« nom de Notre Seigneur que l'on ne recule plus
« cette conférence, aultrement tout est perdu... » (1).

* Mgr de Granier, par contre, ne se possédait pas
de bonheur en recevant dans ses bras tant de milliers
d'enfants prodigues. Le P. Chérubin, à la vue du
merveilleux succès des Quarante-Heures dont il avait
eu la première idée, « aurait, suivant l'expression
de François de Sales, pris Thonon pour le paradis,
sans les fatigues excessives qu'il ressentait. » Grande,
immense devait être aussi la joie du saint apôtre en
recueillant cette abondante moisson qu'il avait se-
mée dans les larmes, mais son bonheur ne pouvait
être complet tant qu'il restait des brebis égarées à
ramener au bercail.

« Voilà, écrivit-il au nonce, voilà la foi rétablie
« partout ou peu s'en faut. Mais les églises sont rui-
« nées, sans ornements, sans calices et sans croix.
« Où en prendrons-nous?... Pour donner à manger
« à ces âmes faméliques, il faudra, au besoin vendre
« les joyaux les moins nécessaires des autres égli-
« ses ; et Sa Saincteté devra obliger les chevaliers
« à restituer les revenus des biens qu'ils détien-
« nent... » (2).

(1) Fleury, *Le P. Chérubin et les ministres...,* appendice
n°s 9 et 12.
(2) Lettre du 13 octobre, Peraté, p. 49. L'évêque et le P.
Chérubin avaient écrit de leur côté au nonce (Ibid.).

Si on voulait obtenir promptement cette mesure du pape, il était urgent de lui envoyer un député.

D'autre part, le roi de France venait de notifier, par lettres et par message, à Charles-Emmanuel, sa ferme volonté que Genève fut comprise dans la paix de Vervins. Accorder cela sans conditions, c'était renoncer à l'espérance, soit de reprendre cette ville, soit d'y faire pénétrer les lumières de la vraie foi. Le duc différa le plus possible de s'engager ; il provoqua même une conférence à Hermance afin d'examiner avec ceux de Genève ses prétentions sur leur ville (27 octobre-21 novembre). Mais, prévoyant qu'il serait difficile au prince de résister à la volonté royale, Mgr de Granier et son entourage décidèrent d'envoyer à la hâte, « *quam celerrime* », un ambassadeur au Souverain Pontife, qui avait été le négociateur de la paix, avec mission de lui expliquer « combien serait grand le dommage que cette concession en faveur des Genevois apporterait à la République chrétienne » et de prier Sa Sainteté « d'agir sérieusement tant auprès du Roy Tres-Chretien qu'auprès de S. A afin que les impies et brouillons n'ayent point une si grande paix » (1).

D'une voix unanime, on désigna le prévôt de Sales comme le plus capable de mener à bien ces deux

(1) Migne, V, 359.

importantes négociations. L'évêque lui adjoignit François de Chissé, son neveu, et remit à celui-ci des lettres par lesquelles il suppliait le pape de lui donner François de Sales pour coadjuteur avec future succession, « puisque le mesme François est souhaitté « et désiré non-seulement de luy evesque, mais en- « core du Serenissime Duc de Savoye et de tous ces « peuples qui, ayans estés tesmoings des belles ac- « tions qu'il a faictes à prescher continuellement « parmy les heretiques (non sans un grand danger « de sa vie) et à convertir un tres-grand peuple, et « voyans que de jour en jour il fait mieux, en ont « conceu une *tres bonne et tres suave estime* » (1). Le même pontife déclare en même temps qu'il abandonne volontiers à son coadjuteur la quatrième partie de tous les fruits et revenus de son évêché.

Avant de partir, François abandonna en faveur des églises à relever une somme importante que lui offrait S. A. pour le dédommager des dépenses qu'il avait faites en Chablais ; mais il n'eut garde de laisser à d'autres le soin de distribuer aux pauvres les aumônes que les monastères de Filly et de Ripailles versaient jadis avant l'occupation bernoise (2).

Cette charitable fonction accomplie, et, sans doute,

(1) Charles-Auguste, I, 263 ; Migne, IX, 45.
(2) Charles-Auguste, I, 199.

après avoir dit adieu à ses parents, François s'achemina vers la capitale du monde chrétien. C'était vers la fin d'octobre ou dans les premiers jours de novembre 1598 (1).

------

(1) Ecrivant de Thonon au pape Clément VIII, le 25 octobre, le P. Chérubin recommande à S. S. l'affaire pour laquelle le *prévôt est envoyé à Rome*. Dans une lettre au nonce du 1er décembre, le même Père lui dit que le prévôt *est déjà à Rome* « *Il signor prevosto di Sales si trova in corte di Sua Beatitudine* ». (PERATÉ, p. 68 et 57.) Grillet a vu le journal de ce voyage écrit par F. de Chissé et il en donne le titre suivant : *Itinéraire du voyage fait à Rome en 1598 et 99 par F. de Sales, prévôt de l'Eglise de Genève*, etc. (*Dict. Hit.*, III, 341.) Le R. P. Mackey, bénédictin anglais, qui s'occupe de la nouvelle édition des Œuvres du saint, a lu à Rome plusieurs pièces attestant que François y était le 12 janvier 1599 et même dès le mois de décembre précédent. Enfin, le saint dit lui-même dans une de ses lettres (MIGNE, V, 1077), qu'il passa quatre ou cinq mois à Rome. — Les biographes ont donc bien tort de le faire partir seulement en février.

CHAPITRE XVIII.

Rétablissement du culte
dans les bailliages.

Pendant que l'apôtre du Chablais s'acheminait vers la cour pontificale, le duc de Savoie se faisait apôtre lui-même et s'occupait, de concert avec l'évêque, à réorganiser le culte dans les paroisses nouvellement converties.

Le jour, il allait, suivi d'une faible escorte, parcourir la campagne et visiter ces populations qui venaient de retrouver en même temps leur Dieu et leur prince. Arrivé dans un village, il haranguait les habitants, leur exprimait son désir de les voir tous unis dans la vraie foi ; il félicitait ceux qui avaient abjuré l'hérésie, leur promettait sa protection, leur serrait la main ; quelquefois même, dans les transports de sa joie, il les embrassait. Ces paróles du duc, ces témoignages de bienveillance, enthousiasmaient la foule, qui s'écriait : « Nous voulons être de la religion de notre prince » et l'air retentissait de chaleureuses acclamations : Vive Savoie ! vive Son Altesse Royale ! vive l'Eglise catholique ! vive le Pape !

Rentré le soir à Thonon, Charles-Emmanuel délibérait avec son conseil sur les graves questions qui s'agitaient dans la conférence d'Hermance et sur certaines mesures que Mgr de Granier, François de Sales et le P. Chérubin lui avaient indiquées comme les plus propres à consolider la religion dans les bailliages.

Après avoir déterminé, de concert avec l'évêque, les paroisses à établir ; il approuve d'avance le projet qui lui était soumis par François de Sales et diverses autres personnes de fonder à Thonon une maison qui serait à la fois une université où l'on enseignerait les lettres et les sciences, une école industrielle et par là même aussi un refuge pour les nouveaux convertis venus des pays soumis à Berne ou à Genève.

*Il autorise un imprimeur, Jacques Roussin, à établir deux presses à Thonon, lui alloue 300 écus pour acheter le matériel nécessaire (20 octobre) et l'exempte même de toute imposition.

Le 12 novembre, il porte diverses ordonnances dont voici les principales :

1° L'exercice de la religion protestante est interdit ;

2° Défense de célébrer les mariages ou de faire baptiser les enfants ailleurs que dans l'Eglise catholique ;

3° Défense aux hérétiques d'aller, hors des frontières, assister aux prèches protestants et de s'absenter plus de huit jours ;

4° Les hérétiques adultes assisteront aux prédications catholiques (1) et les enfants au catéchisme ;

5° Défense de vendre ou de retenir des livres prohibés ;

6° Ordre d'instituer un conseil pour la surveillance des mœurs et la répression des désordres qui échappent à l'action des lois et des tribunaux, tels que l'ivrognerie, le concubinage, les disputes, etc. ;

7° Ceux qui ont démoli les églises ou les presbytères, en ont emporté les tuiles ou le bois; ceux qui ont vendu, acheté et emporté les pierres d'autel ou des fonts baptismaux, seront contraints à réparation ;

8° Ceux qui ont des titres, papiers, livres de reconnaissance et autres documents concernant les revenus des églises, les remettront entre les mains du primicier d'Angeville ;

(1) Cette assistance ne fut jamais rigoureusement exigée. (Voir PERATÉ, page 54.)

9º Les cloches qui sont au fort des Allinges seront restituées aux églises auxquelles elles appartenaient; et le métal de celles de Thonon, de Filly, etc., qui est au même lieu, sera mis, dans la quinzaine, à la disposition de l'évêque ;

10º Enfin, S. A. déclare prendre l'évêque, tous les ecclésiastiques et leurs familiers, sous sa sauvegarde et protection.

* Le même jour, il charge le baron d'Avully de clore la ville de Thonon de « bonnes et suffisantes murailles ».

Le 19, il signe deux nouvelles ordonnances destinées à soustraire les Chablaisiens à la nécessité de fréquenter Lausanne et Genève pour achats, ventes et emprunts ou pour l'étude des sciences et l'apprentissage des métiers :

Par la première, il frappe d'un droit de 2 florins chaque tonneau de vin, de huit setiers, qui se vendra dans le Chablais, et il ordonne que les sommes ainsi recueillies seront employées à l'érection d'un *mont-de-piété,* soit d'une banque où l'on prêterait au peuple à faible intérêt et sur nantissement ;

Par la seconde, il décréta la fondation d'une *auberge de vertu* et cède à cet établissement une maison qui avait été confisquée pour crime de trahison contre le châtelain F. Clerc. Cette auberge serait une sorte d'*école industrielle* où l'on retirerait

les jeunes gens oisifs et les mendiants pour leur en-
seigner les arts, les soustraire au vice et les rendre
utiles à la société.

* Trois jours après avoir signé ces décrets, Charles-
Emmanuel, laissant à Thonon deux compagnies de
Suisses catholiques, prit la route du Simplon et se
rendit à Milan dans l'intention d'y saluer à leur
passage le roi et la reine d'Espagne qui venaient de
célébrer leur mariage dans la ville de Ferrare.

Mgr de Granier, lui, ne voulut pas quitter le Chablais avant d'avoir mis la dernière main à la restauration religieuse de la contrée.

* Pendant que les missionnaires, le P. Chérubin en
tête (1), prêchent, une ou deux fois le jour, aux habitants qui sont encore calvinistes et consacrent trois
ou quatre heures à catéchiser les néophytes ou les
nouveaux convertis, l'évêque reçoit la profession de

(1) En outre de ses prédications et catéchismes, le P. Chérubin entretenait une correspondance active soit avec le nonce
auquel il proposait, entre autres choses, la fondation d'un couvent de son ordre à Thonon, soit avec les ministres et magistrats de Genève au sujet de la conférence publique, qu'ils
ne voulurent point accepter. Mais ces travaux excessifs et,
suivant divers auteurs, un attentat des calvinistes, ébranlèrent
sa santé et même son intelligence (janvier 1599) au point que
Charles-Emmanuel jugea nécessaire de demander son éloignement. (Migne, VI, 549 ; *Revue sav.* 1872, page 13 ; Truchet,
p. 29, 105 et 180.)

foi des nombreuses personnes qui viennent encore abjurer l'hérésie (1) ; il étudie les moyens d'établir l'héberge et le mont-de-piété dont S. A. avait décrété l'érection. Mais surtout il s'occupe d'organiser le service religieux dans les paroisses recouvrées ; et ce n'était pas une besogne facile.

* D'après le rapport fait par le primicier d'Angeville et par Claude Marin, qui avaient parcouru toutes les communes du Chablais, entre le 21 octobre et le 8 novembre, beaucoup de presbytères étaient vendus ou détruits ; les églises, même celles déjà livrées au culte, étaient mal couvertes, sans planchers, sans portes ni fenêtres, souvent pleines de terre ou d'ordures (2). Pour tout mobilier, on y voyait la pierre des fonts baptismaux, celle de l'eau bénite et la pierre sacrée reléguée dans un coin du temple.

* La moitié des clochers étaient vides de cloches : celles-ci ayant été emportées par les bandes genevoises dans les guerres précédentes (par exemple

(1) D'après le P. Chérubin, dans la dernière semaine de novembre, 400 personnes, parmi lesquelles un capitaine de Genève et sa femme, vinrent demander leur admission dans l'Eglise catholique. (PERATÉ, p. 54.)

(2) Par exemple, les églises de Brens, de Loysin, du Lyaud, de Machilly. Celles d'Allinges, Anières, Brenthonne, Cervens, Hermance, Lullin, Messery, Nernier, Sciez, Vailly étaient seules en assez bon état.

celles d'Anières, Ballaison, Hermance et Veigy) (1), ou vendues récemment par le conseil municipal, comme à Brens, Corsier (2), Cusy, Fessy, Loysin et Lully.

* Aussitôt qu'un village paroissial avait exécuté les réparations indispensables à son église, l'évêque s'empressait d'aller la consacrer ou la réconcilier. C'est ainsi que nous le trouvons le 17 novembre, à Brenthonne ; le 23 décembre, à Massongy ; le 9 février, à Viry ; le 5 juin, à Anthy. Il rentrait ordinairement, le soir, à Thonon ; et c'est là qu'il conféra les Saints Ordres aux époques accoutumées (3).

* Aussitôt qu'on offrait un logement convenable et les ornements indispensables au culte, il y installait un prêtre qui, sans avoir encore des lettres d'institution, était chargé d'y remplir les fonctions pastorales (4). Ces prêtres, choisis parmi l'élite du clergé

(1) A la liste des clochers vides, il faut ajouter ceux d'Excenevex, du Lyaud, de Machilly, Massongy, Messery et Saint-Cergues. Nous croyons que les cloches en avaient été emportées comme butin.

(2) Une des cloches de Corsier avait été et demeurait cachée. — Nous avons puisé les détails qui précèdent dans le rapport authentique que M. Domenjoud, de Sevrier, possède dans ses archives et qu'il a eu l'extrême obligeance de nous laisser analyser. (Voir aux pièces justificatives.)

(3) 19 décembre 1598, 6 et 27 mars, 5 juin 1599. (Reg. de l'évêché). — Le 16 mai, il se transporta jusqu'en Faucigny et réconcilia le cimetière de Bonneville.

(4) Ballaison avait un curé dès la fin de novembre ; celui de Massongy arriva le deuxième dimanche de décembre. (Reg. paroissial.)

diocésain, n'avaient ni traitement ni revenus. Ils vivaient soit de leurs propres deniers, soit des offrandes volontaires que des paroissiens pauvres, mais généreux, prélevaient sur leurs récoltes. Si leur table était des plus frugales, si leur sacristie et l'église étaient fort pauvres, ils goûtaient, au milieu de leurs ouailles, des consolations bien douces.

En vain Genève envoyait chaque jour des émissaires dans la campagne, en vain semait-elle des livres hérétiques, en vain répandait-elle des bruits alarmants, aucun des nouveaux convertis ne fit jamais semblant de vouloir retourner en arrière. Loin de là, ils se fortifiaient de plus en plus dans la foi ; et chaque jour, ils avaient la joie de fêter le retour de quelques obstinés. Dieu se plaisait, du reste, à récompenser leur fidélité par des grâces merveilleuses.

* Telle fut la situation religieuse du Chablais et du bailliage de Ternier durant les six premiers mois de l'année 1599 ; telle elle était encore au commencement de septembre (1), lorsque François de Sales, de retour d'Italie, revint à Thonon.

---

(1) Voir la lettre que le saint écrivait au nonce le 24 août 1599. (Peraté.)

CHAPITRE XIX.

Voyage de François à Rome et à Turin.
— Enquête à Thonon.

Nous avons vu le prévôt de Sales partir de Thonon, vers le milieu de l'automne, accompagné du vicaire général, François de Chissé. Après avoir traversé les Alpes et fait sans doute une petite quarantaine, François avait gagné Turin, puis Chieri où il vit le nonce, Modène ; enfin, il atteignit heureusement la ville de Rome et descendit à l'hôtel même où logeait, depuis deux ou trois semaines, son ami, le président Favre, à quelques pas de l'église du Saint-Sauveur *in Lauro*.

A peine arrivé, il s'occupa activement des affaires nombreuses dont l'avait chargé son évêque. Outre les deux requêtes principales dont nous avons déjà parlé, François devait demander au pape le pouvoir

de transférer à Thonon le siège de l'évêché, celui
d'organiser lui-même les paroisses des bailliages et
d'y nommer les curés, celui d'absoudre les hérétiques, etc. Il devait enfin remplacer Mgr de Granier
pour la visite *ad limina*.

La multiplicité et l'importance de ces négociations,
la sage lenteur avec laquelle Rome a coutume de
procéder, les débordements du Tibre qui jetèrent,
plus d'une fois, l'alarme dans les rues, obligèrent
François à prolonger son séjour dans la Ville Eternelle. Il en profita soit pour nouer des relations d'a-
mitié avec d'illustres et saints personnages, tels que
le cardinal Borghèse, plus tard pape sous le nom de
Paul V, le cardinal Baronius, le jésuite Bellarmin et
l'oratorien Juvénal Ancina, qui mourut évêque de
Saluces et vient d'être inscrit au rang des Bienheureux ; soit pour satisfaire sa piété en visitant, dans
la compagnie de son ami Favre, les lieux sanctifiés
par les reliques de la Passion du Sauveur ou par les
austérités, les souffrances, les restes des saints et des
martyrs (1).

Il eut plusieurs audiences du pape Clément VIII,
qui prenait « une merveilleuse récréation à s'entretenir avec celuy duquel il avait tant entendu (dire)

____

(1) C'est ainsi que nous le trouvons le 9 mars au couvent
des Oblates, où vécut sainte Françoise romaine, et, le 13,
dans les catacombes.

de merveilles », et à l'interroger de son œuvre apostolique en Chablais.

Le dimanche, 14 mars, il présenta à Sa Sainteté la requête en dix articles que lui avait confiée l'évêque de Genève.

Six jours après, Clément VIII, qui avait reçu la veille, des mains de F. de Chissé, la lettre par laquelle son oncle demandait François pour coadjuteur, avertit ce dernier de se tenir prêt à subir un examen le lundi suivant, 22 mars, devant une assemblée de cardinaux et de prélats. Il lui manifesta en même temps son intention de faire droit à la plupart des autres demandes, ce dont le prévôt se hâta d'informer son évêque (1).

Le jour de l'examen venu, François répondit avec tant d'assurance et de modestie à la fois que le pape l'embrassa avec effusion et lui appliquant un texte des *Proverbes* (v. 15) : « *Buvez, mon fils,* lui dit-il, « *buvez des eaux de votre citerne et de la vive* « *source qui coule du puits de votre cœur ; faites* « *ruisseler au-dehors l'abondance des dons que* « *Dieu vous a communiqués ; distribuez en pleine* « *place les limpides ondes des célestes faveurs,* « *qui sont en vous,* afin que chacun puisse en « boire à souhait. »

(1) Migne, VI, 547.

Le mercredi 24 mars, Clément VIII signait les bulles apostoliques par lesquelles il déclarait enlever aux chevaliers des SS. M. et L. tous les bénéfices ecclésiastiques des bailliages qui leur avaient été provisoirement concédés trente-cinq ans auparavant, et donnait à Mgr de Granier le droit d'organiser les nouvelles paroisses, de les pourvoir lui-même pour cette fois de prêtres et d'assigner à ceux-ci une portion congrue sur les dîmes, prémices, oblations, etc.

Par d'autres bulles du même jour, le pape préconisait François de Sales coadjuteur de l'évêché de Genève avec future succession sous le titre d'évêque de Nicopolis (1). Pour les autres requêtes, Sa Sainteté en remettait la décision à la prudence de son nonce à Turin.

Le jeudi, notre saint eut le bonheur de communier de la main du pape ; et le dernier jour du mois, il quitta la Ville-Eternelle en compagnie de F. de Chissé. Ils visitèrent Lorette, Bologne et Milan. Arrivé dans la capitale du Piémont, de Chissé continua son voyage et se hâta de porter à l'évêque son oncle le résultat de leurs démarches, pendant que le prévôt restait au-delà des Alpes pour obtenir de

(1) Nicopoli, au confluent du Danube et de l'Aluta, est une ville de la Mésie inférieure (aujourd'hui Bulgarie). — Nous verrons que ces bulles ne furent expédiées que 42 mois plus tard.

S. A. l'exécution des lettres apostoliques et traiter, avec le nonce, les affaires dont la solution était réservée à ce dernier.

A la nouvelle que le Souverain Pontife les dépouillait de leurs bénéfices ecclésiastiques du Chablais, les chevaliers poussèrent les hauts cris. « Le bref n'avait aucune valeur, disaient-ils, parce qu'il avait été accordé sans que leur Milice eût été entendue. D'ailleurs, il dépassait le but. Au lieu de leur enlever seulement les bénéfices à charge d'âmes ou les revenus indispensables au rétablissement des paroisses, ce qu'ils auraient admis volontiers, il les privait sans motif de tous bénéfices sans exception. En conférant à l'évêque le droit de déterminer le nombre des cures à rétablir et de fixer la quotité des revenus affectés à chacune d'elles, on s'exposait à voir le prélat multiplier l'un et l'autre outre mesure ; en lui accordant la nomination des curés, on empiétait sur les droits de S. A. » En un mot, ils mirent tout en œuvre pour empêcher l'exécution du bref et décidèrent le Sénat et la Chambre des comptes à refuser de l'enregistrer.

Le prévôt réfuta victorieusement tous ces fallacieux prétextes. Le pape, disait-il, avait bien le droit de reprendre ce qu'un pape n'avait accordé qu'à titre provisoire, et ce que réclamait le salut de tout un peuple ; l'évêque de Genève, de son côté, n'entendait point multiplier le nombre des bénéfices au-delà de ce qui avait été convenu entre lui et S. A. (1er mai).

Mais voyant que, malgré l'évidence de ces raisons, les choses traînaient en longueur, François proposa à Charles-Emmanuel de passer outre à l'opposition des chevaliers, ou de nommer un sénateur et un dignitaire de la Sacrée Religion pour assister à l'exécution du bref et déterminer, de concert avec l'évêque, le nombre des curés et les revenus qui leur seraient alloués. Le prince goûta ce dernier avis et nomma à cet effet le sénateur de Rochette et le chevalier Joseph de Ruffia.

* François en écrivit aussitôt au chevalier (1), le conjurant dans les termes les plus pressants de se transporter de suite à Thonon, et se hâta lui-même de repasser les Alpes.

* Il se rendit tout d'abord dans la ville d'Annecy, qui l'accueillit avec de grandes démonstrations de joie (1er juin), puis au château de Sales. Pendant qu'il attendait au manoir paternel l'arrivée du chevalier de Ruffia, François mit sans doute la dernière main à sa *Défense de l'Estendard de la Saincte Croix,* qu'il envoya peu après à Lyon, où elle fut imprimée dans le printemps de l'année suivante.

Ce travail, venant s'ajouter aux fatigues du voyage,

(1) Bouchage, *Revue savoisienne,* 1880.

et plus encore le retard, apporté à la restauration religieuse du Chablais par le mauvais vouloir du chevalier qui ne parut point, accablèrent tellement le saint apôtre qu'il en tomba, paraît-il, gravement malade (1).

* Au mois d'août, cependant, il put faire le voyage de Chambéry, où il allait réclamer le bénéfice du Petit-Bornand que Nic. Balli continuait d'occuper. De cette ville, il envoya au nonce de Turin sur l'état des affaires en Chablais les détails que nous avons donnés plus haut (24 août).

* Sur ces entrefaites, arrivait en Savoie un illustre prélat que le Saint-Siège déléguait pour faire une enquête sur l'état de la religion dans les bailliages convertis et sur les demandes présentées par Mgr de Granier. C'était Vespasiano Gribaldi, ancien archevêque de Vienne en Dauphiné (2). François le suivit à Thonon.

(1) Le P. DE LA RIVIÈRE, p. 220 ; Jean GOULU, etc.

(2) Né à Chieri en Piémont d'une famille illustre, V. Gribaldi était venu en France à la suite de René de Birague, son beau-père, qui devint chancelier. Pourvu des abbayes d'Ainay (Lyon), de Mangelez, de Montéramey au diocèse de Troyes, enfin de l'archevêché de Vienne (1567), il amassa une fortune considérable. Puis, voyant son diocèse troublé sans relâche par les calvinistes, il donna sa démission (1572) et se retira dans sa patrie. Envoyé en Chablais, il trouva les rives du Léman si belles qu'il résolut d'y finir ses jours. Il essaya d'abord de s'établir à Saint-Gingolph ; mais les Valaisans lui ayant suscité

* Mgr de Granier, qui se trouvait seul alors dans cette ville avec un prédicateur jésuite, le P. Castorio, leur fit l'accueil le plus cordial et s'empressa de mettre le délégué du pape au courant de la situation. Puis, apprenant que le duc de Savoie venait d'arriver à Chambéry, il résolut d'aller le voir afin de presser l'exécution du bref pontifical concernant les bénéfices : car les curés attendaient toujours leur traitement et plusieurs commençaient à se décourager. Il partit le dimanche soir, 19 septembre.

* Ayant appris, chemin faisant, que S. A. offrait 12,000 écus pour racheter le prieuré de Saint-Hippolyte et doter le collège des Jésuites que l'on avait l'intention d'établir, il revint en toute hâte sur ses pas afin de décider les magistrats de Thonon à céder la maison du prieuré. Cela fait, il repartit, emmenant avec lui le P. Castorio, et se rendit tout d'abord dans sa ville épiscopale où il devait prendre divers renseignements demandés par le nonce (1). Il paraît, toutefois, qu'après avoir mis les pieds dans Annecy, qui était suspect de contagion, il n'osa point

des difficultés, il acquit maisons et terres à Evian et dans les environs, notamment à Saint-Paul et à Marèche. Ce fut lui qui sacra François de Sales évêque, le 8 décembre 1602. Il mourut à Evian, plein de mérites et de jours, le 21 février 1623. Ses biens passèrent à son neveu Gédéon Gribaldi, dont la lignée subsiste encore en Chablais.

(1) Lettre de François au nonce, du 23 sept. (PÉRATÉ, p. 63.)

aborder S. A. et continua de résider dans cette ville, où nous le voyons passer l'hiver et le printemps de l'année suivante.

* A son arrivée à Thonon, Mᵍʳ Gribaldi avait fait connaitre aux habitants toute l'affection et la sollicitude que leur portait le Père commun des fidèles. Ceux-ci répondirent par une lettre dans laquelle ils remercient vivement Sa Sainteté et la supplient de leur continuer ses bienfaits (1) : ils en avaient, semble-t-il, confié la rédaction à leur Apôtre.

* Ce dernier, demeuré seul prédicateur à Thonon, paraissait se multiplier. Il annonce fréquemment la parole de Dieu aux fidèles. Il adresse lettres sur lettres soit au nonce, pour le tenir au courant des évènements (2), soit au duc, pour le supplier de commencer l'héberge (3), soit au provincial des Jésuites, pour qu'il se hâte d'envoyer les six pères que le pape offrait d'entretenir à ses frais. Enfin, il assiste le délégué du Saint-Siège, dont il admirait l'intelligence et l'activité.

* L'enquête terminée, Mᵍʳ Gribaldi envoya à Rome un rapport des plus favorables et dont nous donnons ici l'analyse : « Le nombre des convertis, qui s'est

(1) Migne, V, p. 348. C'est la lettre que tous les auteurs placent en février 1596.

(2) Lettre du 23 septembre. (Pératé, p. 63.)

(3) Migne, p. 575.

« accru d'un millier depuis les dernières pâques, s'é-
« lève à plus de douze mille dans les deux bailliages.
« Dans les paroisses rurales, ils forment l'immense
« majorité (les dix-douzièmes) et croissent constam-
« ment en dévotion ; les autres sont disposés à se
« convertir. A Thonon, sur 2,000 âmes, on a compté
« 500 communiants au temps pascal ; et tous les
« jours, on reçoit quelque abjuration, parmi les-
« quelles il faut signaler celle de la dame de Ser-
« vette, Esther, veuve de Nᵉ et Pᵗ Antoine d'Allinge,
« baron de Larringe, qui, par sa naissance, apparte-
« nait à l'illustre famille des d'Haraucourt en Lor-
« raine, et celle de ses enfants (1).

« Cette ville, outre le prieuré de Saint-Hippolyte,
« possède une église et un ancien couvent d'Augus-
« tins, qui pourra servir de collège. L'Université
« projetée, se trouvant à une grande distance des
« collèges catholiques d'Annecy et de Fribourg, at-

(1) Au nombre de ceux qui se convertirent à cette époque,
il faut ajouter : 1º la plupart de ceux qui avaient été bannis de
Thonon, une année auparavant et qui, à la nouvelle du retour
de François de Sales en Chablais, s'empressèrent de venir abjurer l'hérésie entre ses mains, tels que Cortagier, Rolland et
Meynet (déposition de J. Besson) ; 2º une dame milanaise qui,
étant sortie de Genève avec ses trois garçons et quatre filles
déjà nubiles, se disposait à regagner Milan à l'aide d'un petit
secours de 30 écus que François de Sales lui avait obtenu de
S. A. ; 3º enfin, un propre neveu de Mᵍʳ Gribaldi, que celui ci
retira dans sa maison. (PÉRATÉ, p. 71.)

« tirera en foule les étudiants des provinces voisines,
« notamment ceux du Valais, et nuira par là même
« aux Universités protestantes de Genève et de Lau-
« sanne. Les dépenses pour la construction de l'hé-
« berge ou maison des Arts ne dépasseront pas cinq
« mille écus, etc. (1). »

* Quelques jours après la conclusion de l'enquête,
François eut la joie de saluer l'arrivée à Thonon
d'un Père Jésuite, qui lui annonça la prochaine venue de six autres Pères (31 octobre). Il profita de la
présence de ce religieux pour se rendre à Chambéry,
auprès de Son Altesse, qui devait incessamment partir pour la France où elle allait traiter avec Henri IV
la question du marquisat de Saluces. Remplaçant
Mgr de Granier qui n'osa point quitter Annecy, François demanda au prince la cession, en faveur de
l'Université chablaisienne, du doyenné d'Anthy que
M. de Charmoisy consentait à vendre et la main-
levée des bénéfices d'Armoy, Lyaud, Reyvroz et
Draillant que les Genevois détenaient encore. Charles-
Emmanuel accorda tout (20 novembre).

Le prévôt se hâta de porter cette heureuse nouvelle à son évêque.

Pour François, une mission était à peine remplie,

(1) PÉRATÉ, p. 65. Ce rapport fut rédigé dans les premiers
jours d'octobre.

qu'on le chargeait d'une autre plus importante. Il reçut de Rome, vers cette époque, la bulle *Redemptoris* (1) par laquelle le Souverain-Pontife le nommait préfet de la future Université chablaisienne en lui donnant le pouvoir de dresser les statuts et règlements nécessaires. François se mit tout de suite à l'œuvre et rédigea, pendant l'hiver, les constitutions dont nous parlerons plus loin (2).

Cependant, le Sénat avait fini par entériner les bulles apostoliques concernant les bénéfices du Chablais et par en permettre l'exécution (3). Mgr de Granier, à cette nouvelle, appela au Synode — qui devait se tenir le 19 du mois d'avril suivant — tous ceux qui avaient ou prétendaient avoir quelque droit sur les bénéfices tant séculiers que réguliers des baillages de Saint-Julien et de Thonon.

1600. — Le jour du Synode étant venu, comparurent François de Sales, recteur de Corsier-Anières ; Claude d'Angeville, prieur de Douvaine ; F. de Thorens, prieur de Draillant ; M^{res} F. de Lornay, P. Mugnier, Michel d'Echallon et F. Duborjal, curés de Thairy, de Saint-Julien, de Collonges et de Beaumont.

(1) Du 13 septembre.
(2) Nous traiterons de cette Université au chap. XXI.
(3) Arrêt du 17 décembre 1599. (Reg. de l'évêché.)

* Deux mois plus tard, tout étant préparé, l'évêque se rendit en Chablais en compagnie de François de Sales, du primicier d'Angeville et du président de Rochette, afin de procéder, de concert avec eux, à l'organisation des paroisses. Il en érigea 36, savoir 26 dans le Chablais et 10 dans le bailliage de Ternier, auxquelles on unit celles des anciennes paroisses qui manquaient d'église, de presbytère, de revenus en perspective ou de population suffisante. Dans ces dernières églises qui, pour la plupart du reste, étaient déjà de simples annexes avant la Réforme, on devait administrer le baptême et la Sainte-Eucharistie, et, chaque dimanche, le curé ou le vicaire de l'église matrice devait y célébrer une messe basse (1).

* Nous donnons à la page suivante le tableau de ces paroisses avec leurs filleules.

Cette organisation était sur le point d'être achevée, lorsque le roi de France, irrité de ce que Charles-Emmanuel refusait d'évacuer le marquisat de Saluces, envahit tout à coup la Savoie (13 août), où seules les forteresses de Montmélian, de Sainte-Catherine près Viry et des Allinges opposèrent une sérieuse résistance.

(1) Il y eut des exceptions à cette règle pour Chavanex et quelques autres églises.

PAROISSES	REVENUS assignés en écus d'or	NOMS DES CURÉS
1° Chablais.		
Allinges-Mesinge	130	Monjonier Pierre
Armoy - Reyvroz - Lyaud (1 vicaire)..........		Despine Nicolas (?)
Ballaison	75	Dunoyer Jean
Bellevaux (1 vic.)	120	Chevallier Claude
Bons-Saxel-Saint-Didier (1 vic.),...........	150	Mangier Jean
Brens...............	70	Gauthier Charles
Brenthonne - Avully - Vigny	80	Dumont Michel
Cervens	60	Avrillon Philippe
Corsier-Anières (1 vic.).	150	Warouf Théodore
Douvaine (1 vic.)......	150	Grandis Claude
Draillant-Orcier (1 vic.).	120	Neyret Jean (1601)
Excenevez-Yvoire	70	Moccand Bernard (1601)
Fessy-Lully (1 vic.)....	120	Chevallier Gaspard
Hermance-Cusy (1 vic.)	140	Bochut François (1601)
Loisin (1).............	80	Deage Michel (?)
Lullin...............	60	Gros Pierre
Machilly	60	Monjonier Bernard (2)

(1) Quelques unes de ces paroisses durent être bientôt supprimées ; par exemple : Loisin qui fut uni à Douvaine (1608), Vers et Chênex, qui, dès 1618, étaient desservies par les prêtres de Viry ; Excenevex, qui d'église mère, devint filleule d'Yvoire vers 1621. Quelques-unes, par contre, qui avaient été d'abord unies à d'autres, obtinrent promptement leur séparation, comme Veyrier (qui avait été uni à Etrembières), 1608 ; Reyvroz, 1610 ; Saxel et Maxilly (uni à Lugrin), 1611 ; Saint-Didier, 1618 ; Orcier, Anthy et Confignon vers 1608.

(2) Saint François de Sales avait pour Rd Monjonier « une affection particulière et une amitié de longue main ». Un jour, ce bon curé recevant le saint à sa table, la domestique mit dans la salière de la farine au lieu de sel ; François en prit, mais ne s'aperçut point de la méprise. (Ch.-Aug., II, p. 18, à l'année 1608.)

PAROISSES	REVENUS assignés en écus d'or	NOMS DES CURÉS
Margencel-Anthy	60	Cornut François
Massongy.	70	Dunant Etienne
Messery-Nernier.	70	Brun Jean (?) .
Perrignier-Brecorens. . .	80	Duffoug Jean-Louis
Saint - Cergues - Boringe-Genevray (1 vic.). . . .	130	Thabuis François '
Sciez-Chavanex-Filly (1 vic.)	150	De Blonay Claude
Thonon - Concise - Tully - Marclaz		Louis de Sales (?)
Vailly.	80	Delachat François (?)
Veigy	80	Maniglier Jean

2° Ternier.

PAROISSES	REVENUS assignés en écus d'or	NOMS DES CURÉS
Beaumont	60	Duborjal François
Bernex-Confignon-Lully-Vullionex (1 vic.). . . .	130	Mollier Claude
Chênex	30	
Collonge-Archamp (1 v.)	120	D'Eschallon Michel
Compesières-Bardonex .	100	
Feigères		Coudurier Guillaume (1601)
Saint-Julien (1 vic.). . . .	130	Mugnier Pierre
Thairy	100	De Lornay François
Vers.	20	
Viry-Essert-Humilly-Le-luiset-Malagny (3 v.) (1)		Monod Pierre

(1) Douze paroisses du bailliage de Ternier, restées entre les mains des Genevois comme terres dépendant anciennement du prieuré de Saint-Victor ou du Chapitre, demeurèrent protestantes. Ce sont : Cartigny, Chaucy, Evordes, Saconex, Siernes et Troinex ; Lancy, qui obtint un curé en 1706 ; enfin, les paroisses suivantes qui, rendues à la Savoie par le traité de 1754, ne tardèrent pas à avoir un curé, savoir : Avusy, Neydens, Onex et Valleiry dès 1755 et Bossey en 1779.

CHAPITRE XX.

Divers voyages du saint. — Conversion du bailliage de Gaillard.

La nouvelle de l'invasion du duché par les armées françaises sema la terreur dans les bailliages et décida plusieurs curés à quitter momentanément leur poste. On craignait que les Bernois et les Genevois, profitant de l'occasion, ne se jetassent de nouveau sur cet infortuné pays. De fait, Genève sollicitait vivement Henri IV d'y établir la religion protestante.

Mgr de Granier, bien que malade — d'ennui plus encore que de fatigue — n'oublia rien pour détourner ce malheur. Il écrivit à ce sujet à l'un des confidents du roi, le cardinal de Joyeuse (1) ; il dépêcha

(1) Migne, V, 370.

François de Saluces à Grenoble vers le duc de Nemours ; enfin, il se rendit lui-même à Annecy, afin d'y voir Sa Majesté à son passage.

* Henri IV, ayant fait son entrée dans cette ville le jeudi 5 octobre, l'évêque, accompagné du prévôt (1), le reçut, le dimanche suivant, à la porte de la cathédrale, lui présenta le crucifix à baiser et l'entretint longuement des intérêts religieux des bailliages. « Pour l'amour de Dieu et de notre saint Père le pape, lui dit le monarque, et en considération de vous qui avez toujours bien fait votre charge et devoir, rien ne sera innové en la province du Chablais contre ce qui a été fait pour la foi ; je vous le promets au péril de mon sang. »

* Fidèle à sa promesse, Henri IV, en nommant Nicolas de Harlay de Sancy, gouverneur des bailliages, lui commanda d'y maintenir la religion catholique (2) ; et cet ordre fut d'abord soigneusement observé. Mais après la reddition des forts de Sainte-Catherine et d'Allinges (17-18 décembre), Sancy ayant été remplacé momentanément par son frère, le baron de Montglas, qui était un zélé calviniste, des bandes armées, sorties de Genève, se répandirent dans les provinces nouvellement converties, traînant

(1) *Revue sav.* 1884, p. 72.
(2) FLEURY, *Hist. du dioc. de Genève*, II, 169.

à leur suite des ministres huguenots (1) ; elles ravagèrent les villages de Veyrier et de Saint-Julien dont elles profanèrent les églises et dont elles emportèrent les cloches (2). Elles en firent autant aux églises de Draillant et d'Armoy, dont elles saisirent les revenus (3).

* *1601*. — L'absence du gouverneur fut heureusement de courte durée. Aussitôt qu'il apprit son retour, François, laissant à Sales son père gravement malade (4), se rendit en toute hâte aux Allinges et présenta au gouverneur des lettres par lesquelles Mgr de Granier lui rappelait la promesse du roi et lui demandait de protéger la religion catholique et ses ministres contre les bandes genevoises. Cette

(1) Le ministre Jaquemot prêcha aux Allinges le 24 décembre. (Journal d'Isaïe Colladon cité par M. DuBois-Melly.)

(2) Lettres de François de Sales au nonce datées d'Annecy du 26 août 1600, 18 mars 1601. (PERATÉ, p. 75 ; *Acad. Sal.*, VI, 4 ; MIGNE, VI, 918.)

(3) Le 30 janvier 1601, « le sr Favre, conseiller, rapporte qu'il est nécessaire de pourvoir à ce que le revenu d'Armoy et de Draillans soit retiré *maintenant qu'on en est en possession*, arresté qu'on suspende d'y pourvoir attendu l'incertitude de la paix..., comme aussy qu'on suspende d'y envoyer un ministre... ». (Reg. Cons. de Genève, vol. 96. Comm. par M. l'abbé Chavaz. Voir aussi Portef. hist. nos 2262. 2267 et 2274.)

(4) M. de Boisy mourut en effet le 5 ou le 6 avril suivant. « *Die sexta aprilis nobilis ac præclarissimus Franciscus de Sales, dominus de Boisy, animam Deo reddidit ; ejus corpus in hac ecclesia sepultum est...* » (Reg. par. de Thorens.) François assista aux funérailles.

demande ayant été agréée, le prévôt descend aussitôt ; il parcourt les paroisses, relève les courages
abattus, rappelle les curés qui étaient partis et cons-
tate avec bonheur que, durant la tourmente, les
nouveaux convertis ont montré une constance admirable et célébré les fêtes de Noël avec une ferveur
tout exceptionnelle. « On n'en trouvera pas quattre
qui soient rechutés, écrit-il lui-même au nonce, et
encore iceux sont d'infime qualité... » (1). Après
avoir achevé sa visite, il revint à Annecy où il prêcha le carême (2) avec un tel succès que, suivant
Charles-Auguste de Sales, « la ville se rendoit peu
à peu semblable à une maison religieuse ».

La paix vint mettre un terme à ces continuelles
alertes. Signé par les plénipotentiaires des deux
puissances le 17 janvier 1601, et ratifié le 16 mars
par Charles-Emmanuel, le traité de Lyon donnait à
la France la Bresse, le Bugey et le pays de Gex ; le
duc gardait le marquisat de Saluces et recouvrait la
châtellenie de Gaillard.

* L'armée française ayant évacué la Savoie sur la
fin d'avril, François ne tarda pas de retourner auprès de ses chers convertis. Il monta d'abord aux
Allinges auprès du nouveau gouverneur, le colonel

(1) *Acad. Sal.*, VI, 4.
(2) Il avait déjà prêché dans cette ville l'Avent précédent.

Brotty, qui lui accorda une compagnie de soldats pour aller chasser, des paroisses d'Armoy et de Draillant, les Genevois qui y avaient installé un ministre (1).

Il passa les fêtes de la Pentecôte (10-12 juin) au milieu des habitants de Thonon qui le réjouirent par leur empressement à s'approcher de la table sainte. Puis, laissant dans cette ville Mgr Gribaldi, il se rendit, le mercredi de la même semaine, dans le bailliage de Gaillard où deux Pères jésuites et deux curés du Chablais avaient commencé les prédications, trois jours auparavant, sous la protection du capitaine Vitto Basterga.

* Notre saint trouva « plus de cent maisons catholiques dans deux paroisses et quasi toutes tres bien preparées à un tel bien, sans que force ny artifice y soient intervenues, autre que la simple parolle. Il est vray que le dit bailliage estant proche des nouveaux catholiques d'un costé et des anciens de nostre costé du Genevois, ils étaient à moitié instruits de la saincte religion » (2).

* Les habitants du bailliage, ou plutôt de la châtellenie de Gaillard, se montrèrent en effet tellement

(1) Ch.-Aug., I, p. 308. Cependant les Genevois paraissent avoir contesté et conservé ces deux églises jusqu'en 1609.

(2) Lettre de François au nonce, datée de Sales, 28 juin 1601. (*Acad. Sal.*, VI, 8.)

dociles à la voix des missionnaires (1) que, sur la fin de l'année (10-16 décembre), Mgr de Granier vint réconcilier les huit églises paroissiales que la Réforme avait laissées debout dans la contrée, savoir celles de Choulex, Collonge-Bellerive, Foncenex, Juvigny, Meynier, Presinge, Thônex et Villelagrand (2). Le prélat était accompagné de François de Sales.

* La semaine précédente, ils avaient conduit dans le pays de Gex les chanoines Louis de Sales, Cl. Grandis et F. Bochut qu'ils avaient, par permission du roi, installés curés de Gex, de Farges et d'Asserens, où ces nouveaux pasteurs recueillirent vite beaucoup de fruits, parce qu'ils retrouvèrent dans ces localités « quelques vrais catholiques dont la foi estoit comme un feu recouvert et caché sous la cendre de l'exercice huguenot ». Le pieux évêque et son coadjuteur n'étaient cependant point satisfaits : leur zèle n'aspirait à rien moins qu'à rétablir le vrai culte dans toutes les églises du pays. Mais il fallait auparavant obtenir du roi la main-levée des bénéfices ecclésiastiques et cela n'était pas facile : car Genève,

(1) Les principaux de ces missionnaires sont : les PP. Alex. Humæus, écossais, et Jean Fourier.

(2) MM. Gaberel et Claparède prétendent que l'église de Foncenex servit de temple jusqu'en 1603 ; mais ils sont contredits par Spon et Gautier. Les autres églises de la châtellenie, Compois, Saint-Maurice et Villette étaient, croyons-nous, tombées en ruine pendant la Réforme.

qui les détenait en grande partie, intriguait vivement auprès de Henri IV et faisait appuyer ses prétentions soit par les cantons protestants, soit même
par la reine d'Angleterre. Mgr de Granier comprit
que, pour contrebalancer de si puissantes influences,
il devait envoyer à Paris un négociateur habile et
ce fut encore sur le prévôt que tomba son choix.

Celui-ci partit le 2 janvier 1602, en compagnie du
président Favre, de René son fils et du chanoine
Rogex (1).

____

(1) Ils traversèrent Meximieux, Lyon, Mâcon, Dijon.

CHAPITRE XXI.

La Sainte-Maison et le Jubilé de Thonon.

1602. — Pendant le séjour de François de Sales à Paris, il se passa à Thonon deux événements mémorables dont nous devons dire quelques mots. Le premier fut l'érection de l'Université ou de la *Sainte-Maison*.

Dès le commencement de son apostolat, François de Sales, nous l'avons vu, conjurait S. A. d'établir à Thonon un collège de Jésuites, avec un clergé nombreux, et une station de prédicateurs qui s'en iraient de village en village porter la divine parole, et de créer une maison de refuge ou des ressources pour les néophytes pauvres. Le nombre des convertis s'augmentant, les projets du saint et de son entourage grandirent aussi. Dans le but d'éloigner les Chablaisiens de Genève et de Lausanne, on pensa d'établir à Thonon le siège de l'évêché, et d'y ouvrir une Université qui serait complétée par un séminaire et par une école industrielle.

Charles-Emmanuel, pour donner un commencement à cette œuvre grandiose, avait, comme nous l'avons dit plus haut, décrété l'érection d'un mont-de-piété et d'une école des arts, dite auberge de vertu, et décidé de racheter le prieuré de Saint-Hippolyte avec le doyenné d'Anthy. Il avait en même temps écrit au pape de vouloir bien approuver ses projets. François de Sales, dans son voyage à Rome, en avait entretenu plusieurs cardinaux. Mais la réponse du Souverain-Pontife se faisant attendre, Charles Emmanuel jugea à propos d'envoyer auprès de Sa Sainteté le P. Chérubin, dont la santé s'était améliorée (juillet 1599). Celui-ci négocia si habilement que, deux mois après, Clément VIII, par sa bulle *Redemptoris,* déclarait ériger cette Université sous le nom d'Auberge de toutes les sciences et arts et sous le vocable de Notre-Dame-des-Sept-Douleurs, en lui conférant tous les privilèges dont jouissaient les universités de Bologne, de Pérouse, etc., et lui unissant à perpétuité les prieurés couventuels de Saint-Jeoire près Chambéry, de Nantua et de Contamine-sur-Arve (1).

(1) Bulle du 13 septembre; MIGNE, VI, 1255. Plus tard, le

Il confiait le gouvernement de cette Université à un préfet et à sept prêtres séculiers qui devaient suivre la règle de la Congrégation de l'Oratoire, lui donnait pour protecteur en titre le cardinal Baronius et nommait premier préfet l'initiateur de l'œuvre, le prévôt François de Sales, avec plein pouvoir de rédiger, de concert avec ses prêtres, tous les statuts et règlements nécessaires. A l'Université était annexée une confrérie sous le vocable de Notre-Dame-de-Compassion, dont les membres s'engageaient à travailler à la conversion des hérétiques par la prière, par l'aumône et par la diffusion des bons livres.

Le nouveau préfet, à la réception de cette bulle, se hâta de rédiger, pour la future Université, un règlement intérieur qui subit plus tard quelques modifications.

De son côté, Charles-Emmanuel, par diverses lettres-patentes (1), confirma la nouvelle institution, lui fit un don de 16,000 écus, lui assigna des revenus importants (savoir les arrérages des tailles dues par les Genevois, le produit des amendes et des confiscations, les rentes de la confrérie de Tully, le legs

pape unit encore à la Sainte-Maison l'abbaye Saint-Paul-de-Besançon et les prieurés de Bonneguête et Bellentre, etc. Mais Nantua fut annexée à la France par le traité de 1601.

(1) 31 juillet 1601 ; 5 janvier, 2 et 4 février 1602.

de F. Echerny, etc.), et lui concéda divers privilèges, tels que l'exemption de tous péage et gabelle,
le droit de chasse, de pêche, de pâturage, etc.

L'institut fut divisé en quatre sections ou facultés
principales :

Celle de théologie, établie dans le prieuré Saint-
Hippolyte et composée d'un préfet, de sept prêtres et
de sept enfants de chœur ;

Celle des prédicateurs ou des Capucins, qui furent
logés dans la galerie et les jardins du château ;

La troisième section comprenait l'enseignement
primaire et secondaire, confié aux Jésuites, ainsi que
les facultés de droit et de médecine ;

La quatrième était la section des métiers.

Enfin, après bien des délais, l'évêque de Genève,
assisté du président du Sénat et du P. Chérubin qui
revenait d'Italie pour cette solennité avec le titre de
commissaire apostolique (1), l'évêque, dis-je, procéda

(1) Le P. Chérubin, après l'inauguration de l'Université et
les travaux du Jubilé, après avoir installé un hospice au couvent de son ordre à Thonon, porta son zèle dans le Vallais, où
le protestantisme avait fait de nombreux prosélytes (1603). Il
fit ensuite plusieurs fois le voyage de Rome, obtint pour Thonon un nouveau Jubilé auquel il assista et mourut au couvent
di Monte, près de Turin, le 20 juillet 1610. Si les Capucins
furent en Chablais les ouvriers de la neuvième heure, ils furent, nous l'avons dit, de vaillants ouvriers ; et les Pères établis
à Thonon dès 1602 contribuèrent puissamment, par les missions nombreuses qu'ils donnèrent dans les campagnes, à
maintenir la foi et la piété dans le pays.

solennellement à l'érection canonique de la Sainte-Maison et lui unit avec l'église paroissiale, dont il consacra le maître-autel sous le vocable de N.-D.-des-Sept-Douleurs, celle de Saint-Augustin, qui fut l'église du collège. C'était la veille de Pentecôte, 25 mai 1602.

La mort du pape Clément VIII, le malheur des temps, la guerre, de funestes discordes empêchèrent la grande œuvre rêvée par saint François de Sales d'arriver à un complet développement et de produire tous les fruits qu'on pouvait en attendre. Mais le collège prospéra sous l'habile direction des Barnabites, qui remplacèrent les Jésuites en 1616, et fut, pendant près de deux siècles, une pépinière d'hommes remarquables (1).

Le jour même de l'érection de la Sainte-Maison, Mgr de Granier ouvrait le saint Jubilé.

Les grâces du Jubilé étaient, à cette époque, réservées à la Ville Eternelle ; et c'est ce qui y attirait, tous les cinquante ans, une foule immense de pèlerins venus de toutes les parties de l'Europe. Mais à la prière de la jeune princesse Marguerite de Savoie, Clément VIII voulut bien étendre à la Sainte-Maison le Jubilé qui se tint, à Rome, l'année 1600.

(1) Signalons parmi eux : le cardinal Gerdil et NN. SS. Biord, Bigex et Rey.

L'ouverture de la solennité, qui était fixée au 1er mai de l'année suivante, fut retardée, pour des causes diverses, jusqu'au 25 mai 1602 ; elle se fit alors avec toutes les cérémonies usitées en pareil cas.

Le succès de ce Jubilé tint du prodige. Pendant deux mois « on n'entendit presque autre chose dans la ville que le chant des peuples accourus par milliers auquel se mêlait le bruit des clochettes ». On y compta 106 processions, dont quelques-unes de la Bresse, du Lyonnais et de la Maurienne, et près de 160,000 communions. Plus de 300 hérétiques rentrèrent dans le sein de l'Eglise (1), parmi lesquels un ministre luthérien et quelques religieux apostats que la curiosité ou la grâce avait attirés à ces fêtes.

Un deuil, hélas ! devait succéder à ces joies. Le pieux évêque de Genève, qui avait, malgré son âge et sa faiblesse, présidé à toutes ces solennités, fut victime de son zèle. Se sentant mortellement atteint la veille de l'Assomption, il se fit transporter dans le château de son neveu de Chissé, à Polinge ; et là, le 17 de septembre, il rendit sa belle âme à Dieu (2).

(1) « Plus de 200 furent convertis par les Jésuites et cent autres tant par les PP. Capucins que par les Pères de l'Observance et par les curés de mon diocèse. » — Rapport de Mgr de Granier au pape du 14 août 1602. (C. DE MAGNY.)

(2) Saint François l'appelle un homme d'une antique religion, de mœurs antiques, d'une constance antique et tout à fait digne de l'immortalité. (MIGNE, V, 375.)

CHAPITRE XXII.

Saint François de Sales
et les Chablaisiens.

François de Sales revenait en Savoie, emportant de Paris — à défaut de concessions pour les intérêts spirituels du pays de Gex — l'affection et la vénération du roi, de la cour et de la cité tout entière, lorsqu'il apprit la mort de l'évêque dont il était coadjuteur (1).

Tremblant à la pensée du fardeau que cette mort faisait tomber sur ses épaules, il se détourna de son chemin, pour aller demander les conseils d'un véné-

(1) Les bulles de coadjutorerie avaient été octroyées le 15 juillet précédent. (CHARLES-AUGUSTE, 11, 297.) — Le pape, en les accordant, fit cession de son droit d'*annate*, en sorte que François n'eut à payer que les frais ordinaires de chancellerie. — Ces bulles ne partirent de Rome que le 5 de septembre.

rable prélat, P. de Villars, qui vivait dans la retraite à Annonay, près de Tournon.

Il vint ensuite au château de Sales et voulut être sacré dans l'église de son village natal, le 8 décembre, jour de la fête de l'Immaculée Conception, par Mgr Gribaldi. La cause du choix de cette localité, nous dit son neveu, « estoit la demeure de sa mère et « de ses frères, le desir et les prières des subjects « et, outre cela, la naturelle inclination à la patrie, « laquelle sembloit meriter cela de luy de le voir « oindre pontife, de mesme qu'elle l'avait veu nais- « tre et faire chrestien. » (1).

Evêque d'un vaste diocèse, François de Sales continua de prendre un soin particulier de la province du Chablais, qu'il avait enfantée à Jésus-Christ. Il aimait, nous dit-il lui-même, à repasser dans sa mémoire ses courses et ses travaux de missionnaire

---

(1) Un auteur récent a *découvert* que ce lieu avait été choisi « afin de donner un prétexte aux allées et venues, aux alentours de Genève, de la noblesse savoisienne se préparant à *l'escalade* » !!! *Risum teneatis, amici!* Selon lui, Thorens n'est qu'à 4 ou 5 lieues de Genève — ailleurs il dit 5 à 6 ; or Thorens est à 37 kilomètres, soit à *neuf* lieues modernes, bien comptées. D'autre part, la voie la plus naturelle du Chablais à Thorens passait au pont de Bellecombe ; tandis que, pour se rendre à Annecy, les cavaliers chablaisiens auraient naturellement pris le chemin de Pomiers-Cruseilles et longé ainsi la banlieue de Genève.

dans cette contrée (1). Il en visita plusieurs fois les paroisses (1611, etc.). Presque toutes les années, il fit un séjour de quelques semaines au milieu des habitants de Thonon.

Il y vint d'Annecy, à pied, les premiers jours de septembre 1603, afin d'accomplir un vœu, et s'enrôla dans la confrérie de N.-D.-de-Compassion. Il bénit le cimetière de Saint-Bon, conféra les Ordres dans l'église de Saint-Augustin (29 septembre) et convertit même plusieurs de ceux qui étaient demeurés jusque-là obstinés dans l'hérésie, notamment le seigneur d'Yvoire, Claude Forestier. De sorte qu'en s'éloignant du Chablais, il put s'écrier, dans les transports d'une sainte joie : « Je vous rends grâces, Seigneur, de ce que dans un pays où je n'ai pas trouvé cent catholiques, je ne laisse pas cent huguenots. » (2).

Il viendra plus tard présider un nouveau Jubilé et prendre possession définitive des bénéfices ecclésiastiques (1607) ; faire des ordinations dans l'église paroissiale, 1611 ; préparer l'introduction des Barnabites, 1615; consacrer l'église des Capucins, 1617, etc., etc.

Son arrivée répand toujours l'allégresse parmi les

(1) Migne, V, 364.
(2) Lettres du 15 novembre 1603 et 10 juillet 1605. (Migne, V, 410 et 529.)

habitants de la cité, qui ne se rassasient point de le voir et de l'entendre.

Quand Dieu appelle ensuite son serviteur au ciel, les Thononais envoient, à Annecy, pour être mise sur son tombeau, une longue et belle inscription, qui est un véritable monument. Ils y déclarent comme « *hors de toute controverse que la plus* « *grande et, pour ainsi dire, la* TOTALE PART *de la* « *conversion du Chablais est due aux soins, à la* « *vigilance et doctrine du bienheureux François* « *de Sales. C'est par son travail,* ajoutent-ils, « *que le pays, qui s'étend sur la rive du lac d'ici* « *à Genève et par de là, a été retiré de l'hérésie* « *et restitué à l'Eglise romaine : nous en sommes* « *témoins, nous et tous ceux qui habitent cette ré-* « *gion. C'est le même vénéré François de Sales,* « *pour lors prévôt de Genève, qui* TOUT LE PREMIER « *a hasardé sa vie pour le salut des âmes que la* « *peste de l'hérésie avait infestées. Par ses fré-* « *quentes prédications au peuple, par ses entre-* « *tiens particuliers, par ses disputes avec les* « *ministres du calvinisme, et plus encore par la* « *suavité de ses mœurs et par l'exemple de toutes* « *les vertus, il nous a retirés de la malignité hé-* « *rétique pour nous réconcilier avec Dieu et son* « *Eglise. A raison de quoi,* NOUS LE PROCLAMONS « L'APOTRE DU CHABLAIS.

« Au B. *François de Sales, patriarche,... apô-*
« *tre,... presque martyr,... véritablement pon-*
« *tife,...* DOCTEUR *et vierge.*

« A *son Apôtre, à son libérateur, à son répa-*
« *rateur, la ville de Thonon, retirée par ses*
« *travaux de l'erreur calvinienne, a mis ce tro-*
« *phée.* » (1).

Quatre ans plus tard, Thonon reçoit avec bonheur dans ses murailles un essaim des religieuses de la Visitation.

Toutes les fois que l'Eglise, constatant les mérites et la sainteté de ce grand pontife, ajoute une nouvelle perle à sa couronne, Thonon et le Chablais manifestent leur joie d'une manière éclatante. C'est ainsi qu'ils ont fêté avec enthousiasme sa béatification (1662), sa canonisation (1666), le retour de ses pieuses Filles en 1834, la restauration de la chapelle des Allinges (1836) et la nouvelle auréole que le vicaire de Jésus-Christ vient de placer sur le front de ce nouveau docteur (1878). Rappelons encore l'immortel pèlerinage de 1873.

Enfin, au moment où nous écrivons ces lignes, les habitants de Thonon, forcés de rebâtir l'église paroissiale — absolument insuffisante — élèvent, en l'honneur de François de Sales et sur le même em-

(1) CHARLES-AUGUSTE, II, p. 278.

placement, une basilique superbe qui dira aux géné-
rations futures leur filiale reconnaissance envers leur
Apôtre bien aimé et dont l'inauguration se fera, ils
l'espèrent du moins, le jour du trois centième anni-
versaire de son arrivée en Chablais, soit le 14 septembre 1894 (1).

Puissent les innombrables admirateurs du saint,
puissent les catholiques de Paris, de Lyon et de tant
d'autres villes de France qu'il évangélisa pendant sa
vie, aider de leurs offrandes généreuses les vaillants
efforts d'une population plus riche en bonne volonté
qu'en biens de la fortune.

Puissent surtout les habitants des provinces converties par le doux et l'aimable *Apôtre du Chablais*
se rappeler ses héroïques travaux, relire souvent ses
suaves écrits, suivre toujours avec fidélité ses lumineux enseignements et ses admirables exemples.

------

(1) Cette œuvre est encouragée par un bref de S. S. Léon XIII,
par LL. EE. les cardinaux de Paris et de Lyon, enfin par
Mgr Leuilleux, archevêque de Chambéry, et Mgr Isoard, évêque d'Annecy.

PIÈCES JUSTIFICATIVES

A.

Les ministres protestants en Chablais.

Les Bernois, ayant occupé les deux rives du Léman, dans le mois de février 1536, laissèrent, dans le principe, une certaine liberté religieuse aux vaincus. Soit par crainte d'exaspérer les populations qui ne voulaient pas du nouvel évangile, soit pénurie de ministres, ils ne bannirent tout d'abord que les prêtres les plus fermes, les plus zélés ; tolérant les autres, qu'ils essayèrent de gagner à la Réforme. En même temps, ils racolaient de toutes parts, du Midi de la France surtout, des apostats qu'ils installèrent dans les presbytères dont le légitime possesseur avait été chassé.

Une année plus tard, afin d'organiser le nouveau culte, on réunit tous ces pasteurs en synode, à Lausanne, et on leur fit adopter les résolutions suivantes :

a) Le pays conquis est divisé en sept *classes* ou départements ecclésiastiques, la septième comprendra les ministres du Chablais et de Ternier-Gaillard.

b) Chaque classe élira un doyen qui sera révocable, et sera assisté de quatre jurés qui se partageront la surveillance du département et feront observer les rites de Berne.

c) Les ministres prêteront serment d'avancer la gloire de Dieu et le *bien de l'État de Berne,* de *dénoncer leurs collègues* et de *surveiller les baillis.*

d) Chaque classe tiendra une conférence théologique par semaine ; et toutes les années, les classes se réuniront en synode.

Pour salaire, les ministres reçurent d'abord des dîmes, des censes et des biens fonds. Mais on leur fixa bientôt un traitement *minimum,* ou portion congrue. Outre son habitation avec jardin et verger, son affouage et l'usufruit de quelques pièces de terre, chacun d'eux percevait un revenu en argent, qui était généralement de 200 florins, et un autre en nature comprenant deux chars de vin, du froment (de 18 à 30 coupes) avec 18 coupes d'avoine, mesure de Thonon (1).

Ces prêtres du nouvel évangile étaient, pour la plupart, des hommes fort peu honorables.

Le premier en date et le plus célèbre de tous, celui qu'on peut appeler le *père de la Réforme* à Genève et en Chablais, c'est *Guillaume Farel,* de Gap, en Dauphiné. Or le fameux Erasme, qui le connaissait, nous a laissé, en quelques lignes, un portrait fort ressemblant : « Je n'ai jamais vu, dit-il, un être plus menteur, plus virulent et plus séditieux. »

Antoine Froment, compatriote et disciple de Farel, était, au dire du maître lui-même, « un être inepte, improbe et téméraire, une espèce d'homme *ivre,* etc. ».

Nommé, tout jeune encore, pasteur de la ville d'Aigle (Vaud), il séduisit la femme de son collègue de Bex, Marie d'Entières, ancienne abbesse défroquée (1529).

Venus à Genève, en novembre 1532, Froment et sa digne compagne provoquèrent, par leur inconduite, des plaintes si nombreuses et si graves que Farel chercha à s'en débarrasser en le faisant nommer pasteur de Collonge-Bellerive, sur territoire bernois (1536).

Nous le trouvons, l'année suivante, faisant, à Ripaille, les fonctions de diacre, puis, à Thonon, cumulant celles de pédagogue et de marchand ; vendant du vin, de l'huile, etc.; montrant une activité merveilleuse, se faisant attribuer, en dehors

(1) C'est le traitement qui fut continué aux ministres après le départ des Bernois.

de son traitement, des vignes, aux environs d'Hermance, confisquées au préjudice de certains bourgeois ; enfin menant, lui et sa femme, une conduite si peu digne que les ministres de Berne s'en plaignent « les larmes aux yeux » dans une lettre aux pasteurs de Thonon (1).

Sur ces entrefaites, le curé de Massongy, ayant été chassé par arrêt de Berne (20 novembre 1539), Froment alla, de sa propre autorité mais avec l'appui du bailli, s'installer dans cette paroisse. Là, il continue de plus belle ses négoces et ses scandales. Non content des vignes qu'il a reçues précédemment et de celles de son nouveau bénéfice, il en usurpe d'autres cauteleusement. A l'époque de la vendange, « il se montre d'une rigueur que les prêtres n'ont jamais eue ». Il tient dans sa maison des jeunes filles qu'il fait instruire par un diacre, nommé Roubert. En vain ses collègues lui reprochent ces faits en pleine assemblée ; il nie effrontément, les traite de calomniateurs et vomit contre eux l'injure et les menaces. Ceux-ci adressent alors une lettre collective aux pasteurs de Berne.

Ces plaintes amenèrent le départ de Froment. Il retourna à Genève d'où il se fit encore chasser pour faits d'immoralité (1562). Dix ans plus tard, cependant, « à cause de ses anciens services », il obtint de rentrer dans cette ville et y mourut le 5 novembre 1581. Devenu veuf à l'âge de quarante ans, il avait épousé, après un court veuvage, Marie Blanc, de Massongy, laquelle décéda en 1588.

Les collègues de Froment ne valaient guère mieux que lui. « Ils donnaient trop souvent prise à Satan. » « Ils alliaient à une ignorance crasse une vie des moins édifiantes » (2), et le célèbre Farel désirait voir « chasser de l'Eglise beaucoup de ces pasteurs qu'il eût, dit-il, mieux valu ne pas admettre » (3). La mésintelligence régnait entre eux, à ce point que Berne supprima les conférences hebdomadaires et les réduisit à quatre par année (1549), parce qu' « au lieu de produire l'édification, elles ne produisaient que disputes, divisions et troubles ».

Le peuple méprisait de tels pasteurs. Il les couvrait d'injures, les affublait de sobriquets injurieux (4), les traitait de

(1) Lettre du 27 novembre 1538. HERMINJARD, *Correspondance des Réformateurs*, VI, 401.
(2) Lettre de Farel du 6 février 1540.
(3) Id., 18 septembre 1549.
(4) Ainsi on avait surnommé Raym. Chauvet *Torticol*, et Mᵉ Abel Poupin, *Groin-de-Porc*.

rapineurs plus tenaces et plus avares que ne furent jamais les prêtres, et les chargeait de malédictions (1).

Si les ministres étaient mal vus du peuple, ils n'étaient guère mieux respectés par le gouvernement bernois qui semblait vouloir leur faire expier, par sa tyrannie, le crime qu'ils avaient commis en se révoltant contre l'autorité légitime et paternelle de l'Eglise. Berne suivait la doctrine de Zwingle et certains rites différents de ceux de Genève : elle avait gardé le pain azyme pour la Cène, les fonts baptismaux en pierre et quatre fêtes annuelles, savoir : Noël, la Circoncision, l'Annonciation et l'Ascension, autant de choses que Calvin avait supprimées.

Or Berne entendait que sa doctrine et ses rites fussent seuls adoptés dans les bailliages. Bien que, par un accord du 22 juillet 1543, Genève eût acquis le droit de nommer aux cures qui dépendaient autrefois de Saint-Victor ou du Chapitre, — tels que : Armoy-Lyaud, Reyvroz, Draillens, Cartigny, Marval, Moens, Neydens, Troinex, Valleiry, Vandœuvres-Cologny et Jussy-Foncenex. — Berne exigeait que, même en ces paroisses-là, l'on se conformât à son enseignement, à ses coutumes, et malheur aux ministres qui enfreignaient sos ordres.

Jean de Saint-André, ministre de Jussy, ayant vivement reproché aux habitants de Foncenex d'avoir célébré, à son jour, la fête de Noël, fut détenu en prison, pendant neuf mois, par le bailli de Ternier (1551-52).

Raymond Chauvet, qui desservait provisoirement le village de Draillant, fut également emprisonné, parce qu'il avait donné la Cène suivant le rite de Genève, et dut payer les frais de sa détention (1554).

Pour avoir enseigné la prédestination absolue de Calvin, quatre ministres se virent chasser du Chablais en 1557 ou 58, et vingt autres plus tard — parmi lesquels Pierre Viret d'Orbe — pour avoir prêché la nécessité de l'excommunication ecclésiastique.

Le nombre des ministres en Chablais varia beaucoup. De douze en 1537, suivant Gaberel, il était de vingt à la fin de l'occupation bernoise (1567). Ce chiffre fut maintenu jusqu'au

(1) Plainte adressée aux pasteurs de Berne par la classe de Thonon, en mai 1540. — Nous avons puisé la plupart des détails qui précèdent dans une intéressante brochure de M. Jules Vuy : *Le Réformateur Froment*, etc. Genève, 1883.

traité de Nyon, qui le réduisit à trois, ainsi que nous l'avons dit au chapitre premier.

Voici, d'après M. Gaberel, les paroisses qui en étaient dotées en 1567, avec le nom des pasteurs que nous avons pu glaner çà et là :

1. **Allinges.**

2. **Armoy.** — Jean Melerey. — Jean Durand-Charvoux (1544). — Mauris Viret (1557). — P. Fillion, (1578).

3. **Bellevaux.** — Nous mentionnons en passant, mais sans y croire, la légende d'après laquelle les habitants de Bellevaux auraient noyé leur dernier ministre dans le Brevon. — Ils ne devaient pas avoir de ministre à cette époque.

4. **Bons.** — Mathieu Maret (1584-85). Hugonin, ff. honor. Humbert Vitte, de Thonon (1589-90). Nicolas-Jacq. Perrodet (1595).

5. **Brenthonne.** — P. Vincent (1589). Se retire à Morges où, le 14 mai de l'année suivante, il donne pouvoir à son fils Pierre, habitant le hameau de Morsier (Brenthonne), de vendre aux frères Girod certaines pièces qu'il avait acquises à Brenthonne et non payées.

6. **Cervens.**

7. **Douvaine.**

8. **Draillant.** — Jean Regalis (13 mai 1544 † 1545 2 juin). — Edme Champereaux, auparavant à Genève (1545). — Pierre Ninaux (1554), auparavant à Saint-Gervais (Genève), où il était détesté du peuple. — Raymond Chauvet, du Languedoc (1554). Chauvet, que les Genevois, avaient, par dérision, surnommé *Torticol*, étant venu remplacer Ninaux pendant un voyage que ce dernier était venu faire en France, prêcha et administra la Cène selon l'usage de Genève. Le bailli de Thonon le fit immédiatement jeter en prison et ne le relâcha qu'après une conférence tenue deux mois après à Lausanne (15 juillet). Les Genevois, de leur côté, ne voulurent pas réintégrer Ninaux, bien que Berne les en priât, à cause de sa famille et de sa pauvreté. — Jean de Montliard, (1554). — Nicolas Petit (1557). En 1570, la peste ayant éclaté à Draillant et ce village n'ayant pas de ministre — celui-ci avait probablement décampé, — Calvin voulut y envoyer Champereau qui refusa « parce que sa femme était en couches ». (FLEURY, *Le Clergé*, p. 50.) — Mauris Viret, natif de Fessy (1578). — Lazare Robert (1586). Le ministre de Draillant desservait également Orsier, par accord avec Berne.

9. **Fessy-Lully.** — Rolens Perrot (1582). — Louis Viret

(1589), sp. Louis Viret, jadis ministre de Lully, pour lui et ses frères Pierre et Mauris, passe quittance de bail aux Viret du Debvens, qui avaient été fermiers de leurs biens.

10. **Hermance.** — Ant. Rabier (*alias* Cabier, Caby), du Gévaudan (1540, etc.), pasteur de Satigny dès février 1538 ; puis d'Hermance et doyen de la classe de Thonon. — Gilles Molnier (1567).

11. **Lullin.** — Le premier ministre que les Bernois mirent à Lullin, en 1539, fut emmené prisonnier par trois Faucignerans dont l'un s'appelait Bernard Dumoulin. (RUCHAT.)

12. **Margencel.**

13. **Massongy.** — Ant. Froment (1539). — Mathieu Olivier (1561) : il retourne cette année-là en Provence.

14. **Maxilly.**

15. **Messery-Nernier.** — Jean Michaud (1589). Celui-ci serait resté après le traité de Nyon : car le 19 mai 1590, on demande qu'il distribue la Cène à Messery (1).

16. **Sciez.** — Claude Chevallier (1559-60).

17. **Thonon.** — Guillaume Farel (1536). — Christophe Fabri, dit Libertet (1536-1546), fut transféré à Neuchâtel dont il était bourgeois. — N. Corault, vieil augustin apostat, ayant été chassé de Genève, remplaça quelque temps Fabri (1537-38) et mourut peu de temps après dans la ville d'Orbe. — N. Alexandre (1538), transféré à Saint-Aubin près de Neuchâtel. — Ant. Froment (1538-39). — Jérôme Bolsec (1551). — Jean du Bosc, ancien jacobin (1557). Transféré à Lausanne (1557), puis à Revel dans le Languedoc. — N. Servatis (1561). Rentra en France cette année-là. — Pierre Ninault (1580), très mal vu des Thononais. — Claude Vaultchier (1587-89). Le 9 mai 1587, il fait un échange avec le marquis de Lullin (2). D'après le traité de Nyon, en 1589, le ministre de Thonon devait aller s'établir au dehors de la ville, à Tully ; mais on n'exécuta pas cette clause. — Louis Viret (1590-1598), auparavant ministre à Lully (Fessy), fils de spectable Mauris Viret, de Fessy, qui fut ministre d'Armoy et de Draillant. — Jean ou Jacques Clerc (1598) ; probablement le Jacques Clerc que nous trouvons ensuite ministre à Cessy, dans le pays de Gex.

18. **Veigy.**

19. **Yvoire.**

(1) Archiv. de Genève, vol. 67 ; commun. par M. l'abbé Chavaz, ainsi que plusieurs des noms précédents.
(2) Note de M. Amédée de Foras.

Dans le bailliage de Ternier-Gaillard, on trouve des ministres à Bossey, Cholex, Collonge-Bellerive, Jussy, Neydens, Saint-Julien, Troinex et Villelagrand.

Nota. — Nous avons entre les mains la liste des pasteurs de Bossey, de Jussy et de Neydens qu'un prêtre de Genève, paléographe non moins complaisant qu'expert, a copié pour nous dans la *Genève ecclésiastique*, page 47, et dans le *Rôle des pasteurs*, etc., qui est à la bibliothèque de cette ville. Nous ne la donnons pas ici pour cause de brièveté.

B.

Liste des paroisses converties par saint François de Sales.

Cette liste, que nous avions l'intention de donner ici, se trouve déjà dans le corps de l'ouvrage ; nous ne la répèterons pas.

Nous avons énuméré, au chapitre XIX, 48 paroisses converties du Chablais — auxquelles il faut ajouter Maxilly et Montigny du pays de Gavot — et 19 appartenant à la châtellenie de Ternier. Au chapitre suivant, nous avons nommé les 11 paroisses de la châtellenie de Gaillard et trois autres du pays de Gex. Cela fait un total de 83 paroisses converties par le saint ou ses collaborateurs avant sa promotion à l'épiscopat. En supposant que chacune d'elles renfermât une moyenne de 300 habitants, nous aurions près de 25,000 âmes ramenées au vrai bercail par le saint prévôt de Genève. Or, c'est précisément ce chiffre qu'affirme le saint dans une lettre que, peu de jours avant son sacre, il écrivait au pape Clément VIII (1).

Plus tard, François de Sales eut le bonheur de rétablir le catholicisme dans plusieurs villages du pays de Gex, savoir : Allemogne, Cessy, Chalex, Chevry, Collonge, Croset, Divonne,

(1) Migne, V, 375.

Fernex, Grilly, Peron, Thoiry et Versoix (1). Enfin, il ramena
beaucoup de Genevois, de Vaudois, de Valaisans et de Français. Nous n'exagérons donc pas en portant à plus de *trente
mille* le nombre des âmes converties par le nouvel apôtre (2).

C.

Notes sur la naissance et les jeunes années du saint.

Françoise de Sionnaz, mariée à François de Sales, seigneur
de Boisy, attendait, depuis plusieurs années (3), que le Ciel
daignât bénir leur union et multipliait dans ce but ses prières,
ses jeûnes et ses pèlerinages.

Un jour, — c'était au mois de juillet 1566 — apprenant qu'à
l'occasion du passage d'Anne d'Este, duchesse de Nemours, le
Saint-Suaire de N.-S., apporté de Chambéry, était exposé dans
l'église Notre-Dame d'Annecy, elle se rend dans cette église.
Là, prosternée devant la précieuse relique, comme autrefois la
mère de Samuel dans le Temple, elle conjure avec larmes le
Seigneur de lui donner un enfant et la consacre d'avance à Sa
Divine Majesté. Sa prière finie, elle se relève pleine de confiance et sa confiance ne fut pas trompée.

Quelque temps après, en effet, elle conçut et, le 21 du mois
d'août de l'année suivante, elle mit au monde un fils qui de-

(1) Dans ces dernières paroisses, il restait sans doute un certain
nombre d'hérétiques ; mais, d'autre part, il y eut force conversions
dans des communes demeurées protestantes, par exemple à Lancy,
Neydens, etc. (Voir le document E.)

(2) Certains auteurs disent 70,000 : c'est une manifeste exagéra-
tion. D'autres, par contre (Saint-Genis, Gaberel, Duval, etc.), affir-
ment que les trois balliages convertis ne renfermaient guère plus
de *4,000 âmes.* Or, le recensement fait par les Bernois, en 1558,
prouve que ces bailliages comptaient *6,567 feux,* soit de 35 à
40,000 habitants. (Voir DE RODT, *Hist. milit. de Berne,* 1, 300.)

(3) Le contrat de mariage est du 12 mai 1560.

vait être « le grand ornement de la maison de Sales, l'honneur de la Savoie et une lumière de l'Eglise ».

Les biographes du saint ont raconté jusqu'ici les faits d'une manière différente. Selon eux, la naissance de François suivit de très près l'exposition du Saint-Suaire. Croyant que la visite d'Anne d'Este avait eu lieu en 1567 — le P. La Rivière entre autres l'affirme nettement — ils ont naturellement et logiquement affirmé que Françoise de Sionnaz, lors de son pèlerinage à N.-D. de Liesse, était enceinte du fils qui vit le jour au mois d'août de cette même année.

Mais ils se sont manifestement trompés. La visite de la duchesse et l'exposition du Saint-Suaire eurent lieu vers la mi-juillet 1566. M. le chanoine Ducis, notre savant archiviste, l'a démontré, le premier, par des témoignages irréfragables (1).

La naissance du saint au 21 août 1567 n'est pas moins solidement établie.

Cette naissance du premier-né de M. de Boisy fut un évènement non seulement pour la famille et la parenté, mais encore pour les sujets. Cet évènement fut consigné dans le *Livre de raison* ou journal de la famille. (Dépos. de F. Favre, domestique.)

L'âge précis de François de Sales fut constaté bien des fois. Il le fut sans doute lors de son admission à la première communion et à la confirmation, ou de sa promotion à la tonsure et aux ordres.

Il le fut en 1597. Le 11 novembre de cette année, deux notaires se rendent au village de Thorens par ordre de l'évêque de Granier qui voulait demander François pour coadjuteur (2). Ils interrogent les parents du saint, les pères et mères de famille qui l'avaient vu naître et qui, par comparaison avec l'âge de leurs propres enfants, pouvaient fixer d'une manière précise l'époque de sa naissance. Ils consignent dans le procès-verbal, conservé à Rome, que François était alors âgé de *trente* ans. (Note du P. Mackey.) Or, s'il fut né en 1566, il aurait été dans sa trente deuxième année : ce que l'on aurait eu soin de dire afin de faciliter sa promotion.

Il le fut lors du procès de béatification : une foule de témoins affirmèrent qu'il était né en 1567.

(1) Voir sa brochure : *Le Saint-Suaire à Annecy* ou la *Revue sav.*, année 1883.

(2) CHARLES-AUGUSTE, II, 305.

Il le fut une dernière fois en 1659. Une personne, hostile à la maison de Sales, avait écrit à Rome que François, né de parents hérétiques, n'avait pas reçu le baptême. M. de Sales fouilla en vain ses archives : il ne trouva rien qui pût confondre la calomnie. La mère de Chaugy ne perdit pas courage. Elle fit amener au monastère de la Visitation d'Annecy tous les papiers de la famille et chargea quelques sœurs de dépouiller, une à une, toutes ces écritures. Après trois jours de recherches, sœur Elisabeth de la Tour découvrit un petit papier de la main de M. de Boisy — probablement un feuillet détaché du *Livre de raison* — sur lequel on lut ces mots : « Aujourd'hui 21 août 1567, est né mon fils François .. il a été baptisé en l'église de Thorens, etc. » (Migne, I, 1057.)

Le pape Alexandre VI, dans la bulle de canonisation, déclare que François naquit « le 12 des calendes de septembre l'an du salut 1567 ».

Enfin, le saint lui-même, dans une lettre écrite le 21 août 1608, de Saint-Rambert, à l'une de ses cousines, dit : « Je finis aujourd'hui ma 41ᵉ année. » (1).

La cause est donc entendue.

Nombreuses sont les erreurs que commettent les biographes dans le récit de la jeunesse du saint. Voici, selon nous, comment il convient de rétablir les dates :

François étudie à La Roche de 1574 à 1576, au collège d'Annecy de 1576 à 1581. C'est dans ce dernier collège qu'il reçoit la première communion et la confirmation (17 décembre 1577) ; puis, le 17 septembre 1578, des lettres dimissoires pour la tonsure qui lui est conférée, trois jours après, dans l'église de Clermont en Genevois.

Il fait à Paris son cours de philosophie et de théologie (1581-87) (2) et, à Padoue, en Italie, celui de jurisprudence (1588-91). Ayant obtenu le diplôme de docteur en droit (15 sep-

(1) Lors même que cette lettre ne porterait pas la date de 1608, cette date est certaine par cela seul qu'elle a été écrite, le 21 août, à Saint-Rambert, où nous savons que le saint s'arrêta trois jours de cette année en se rendant à Dijon.

(2) Charles-Auguste nous dit que François, étudiant à Paris, admirait la piété avec laquelle Frère Ange de Joyeuse, capucin, servait la messe. Or, celui-ci ne quitta le monde que le 4 septembre 1587. D'autre part, un document publié par M. Mugnier, dans ses *Evêques de Genève,* prouverait que François était encore en France au commencement de 1588.

tembre), il quitte Padoue, va jusqu'aux environs d'Ancône, revient passer l'hiver dans la première de ces villes, part de nouveau sur la .fin de février 1592 et, non sans avoir visité Rome et Lorette, il rentre en Savoie, où, par obéissance à la volonté paternelle, il se fait inscrire parmi les membres du barreau de Chambéry (24 novembre). Au mois de mai l'année suivante (1593), ayant reçu les bulles — du 7 mars précédent — qui le nommaient prévôt de la cathédrale de Genève, il demande à son père la permission d'embrasser l'état ecclésiastique (9 mai). Le lendemain, il revêt la soutane et le surlendemain, il va prendre possession de sa charge qu'il inaugure le 26 du même mois. Il reçoit les ordres mineurs le 8 juin (1), le sous-diaconat quatre jours après, le diaconat le 18 septembre et la prêtrise le 18 décembre.

D.

Liste des chefs de famille

des bailliages de Chablais et de Ternier-Gaillard

qui ont abjuré l'hérésie à Thonon,

entre le 21 septembre et le 9 de novembre 1598 (2).

A l'époque des Quarante-Heures de Thonon, Mgr de Granier avait chargé douze ecclésiastiques de recueillir les noms de

(1) On lit bien dans le registre de l'évêché : « *Die octava junii fuit promotus ad* SUBDIACONATUS *ordinem R. D. Franciscus de Sales, juris utriusque doctor et prœpositus...* » Mais il y a là manifestement un *lapsus calami*. En effet, François figure plus loin, avec tous ces titres, à la tête de ceux qui reçurent le sous-diaconat le samedi, 12 juin. Le secrétaire a écrit *subdiaconatus* pour *acolytatus*.

(2) On trouve, il est vrai, dans ce tableau, notamment pour la ville de Thonon, le nom de plusieurs personnes qui avaient abjuré longtemps avant la date indiquée. Mais nous supposons qu'on les a néanmoins inscrites, parce qu'elles se seront mêlées à leurs compatriotes afin de renouveler leur profession de foi.

ceux qui venaient abjurer l'hérésie. Toutefois, faute de temps sans doute, ceux-ci n'inscrivirent que les chefs de famille.

Un tableau de ces abjurants, dressé par l'un des secrétaires, se trouve dans la bibliothèque vaticane sous le numéro 5503. Copié par un professeur allemand, M. Hans'che Verlags, il a été publié par lui, avec d'autres pièces, dans une brochure intitulée : *Vier documente aus Romischen Archiven*, Leipsick 1843, et reproduit plus tard dans le deuxième volume des *Mémoires de l'Académie Salésienne*.

Tout en reproduisant fidèlement l'édition allemande, M. le chanoine Mercier a traduit les prénoms du latin en français : nous avons adopté cette modification, et nous avons de plus classé les abjurants de chaque paroisse dans l'ordre alphabétique, pour faciliter les recherches.

Cette liste, en effet, n'est pas seulement le faisceau des glorieux trophées de l'apostolat de saint François de Sales, elle est, pour les habitants des bailliages convertis, une sorte de *livre d'or*. La plupart d'entre eux « seront heureux d'y retrouver le nom de leurs ancêtres, et, pendant que les uns, pleins de reconnaissance, béniront le ciel et le saint apôtre de leur retour à la vraie foi, d'autres, peut-être moins fidèles,

> Mais saintement confus de leurs égarements,
> S'engageront à Dieu par de nouveaux serments ». (Id.)

Abréviations : Abra. = Abraham ; Am. = Amédée ; Amble = Amblarde ; Aym. = Aymon ; Bde = Bernarde ; Bl. = Blaise ; Bt = Benoît ; Cthe = Catherine ; Ches = Charles ; C. ou Cl. = Claude ; Clt = Clément ; Cne = Claudine ; Col. = Colette ; Dd = David ; Del = Daniel ; Gd = Gaspard ; Geo. = George ; Gine = Georgine ; Ete = Etiennette ; F. = François ; Gme = Guillaume ; Gn = Gonin ; H. = Henri ; Hip. = Hippolyte ; Ht = Humbert ; J. = Jean ; Jac. = Jacques ; Jien = Julien ; Jine = Jaqueline ; Jne = Jeanne ; Jte = Jeannette ; L. = Louis ; Lt = Laurent ; Mce = Maurice ; Mcel = Marcel ; Ml = Michel ; Mse = Maurise ; Mt = Mermet ; Mte = Marguerite ; Nic. = Nicolas ; Nd = Nicod ; P. = Pierre ; Ph. = Philippe ; Phine = Philippine ; Pht = Philibert ; Pne = Péronne ; Prin = Perrin ; Pte = Pernette ; Sne = Suzanne ; Sylv. = Sylvestre.

21 septembre.

Bellevaux (110 noms).

Argant J.;
Bechevet Gn et P.; Bernard
P.; Blanc Bd, Et., 2 Jac., Mt;
Buinod Am., Bd, Gn, Nicod
et P.;
Clavel Cl. et P.; Collier Cl.
(de la Pose) et Jacq.; Convers
2 J.; Cornier 2 Cl., Et., Jac
et P.; Costaz ou Cottat Et. et
P.; Cousin (Cusin) 3 Cl.;
David Cl., F. et Mt.;
Fanier Bd, Bd l'aîné, Et., 2
J. et P.; Favrat 2 Cl., Cl. fils de
Math., J., Jac. et Ml; Favrat-
Reguillat J.; Favre 2 Bd, Cl.,
Cl. son fils, 2 Jac.; Fresne
(du) Cl., Jac., J. et P.; Fresne-
Collier Cl.; Frossard Cl.;
Gachet Ml; Gaydon J. et
P.; Gonin Cl. et Jac.; Gonin-
Magnin Jac.; Gordan F.;
Gueillard 3 Cl. et J. son frère.;
Maistre Cl.; Martin Bd, J. et
P.; Mauroz (rauz, roz) Bd, 2
Cl. et P.; Meynet 5 Cl., Et.,
Gn, Jac., 2 J., Mat., Nd et 2 P.;
Organ (Argant?) Nd;
Perrier Cl. et J.; Pesson Bd
et P.; Place-Organ Bd;
Sourd Nic.;
Tornier Gn, Jac., 2 J. et
Math.;
Vaignoud Cl., J. et Math.;
Vaynaud P.; Voysin Bd et Et.

Lullin (117 noms).

Baud 2 Bd, Berthet, 2 Cl.,
L., L., fils de J., Jne et Pte;
Belloard Ant.; Berna P.; Bes-
sonel (— et) Et., Nic., Cne et

Lse; Buinod 2 Ete; Buodon
Jne;
Chastelain 2 J., P. et Cne;
Chedan F.; Clara Jne; Claud
F., fils de Pte, Lse sa sœur,
Cne, Nde, 2 Pte; Cognin Cne;
Collet-Baud Cl.; Colli Bd, J.,
Ml et Jne; Convers Cl., Ete
et Mle; Cornier Cne, 2 Pte;
Crest (du) Cne; Croson Jine;
Cusin Lse;
Dacguin ou Dacquin Cl., 2
F., Jac. et J.; David F. et Pte;
Deschelleron Pte; Durand Cl.;
Fanier Cl. et F.; Favrat
Math. et Gne; Favre Jne;
Fernex Nde et Nle; Frossard
2 J. et Pte; Genève (de) Bde;
Jambon Jne; Jandin Et. et
J.; Jordan P.;
Maillian Fse; Martin Jne;
Mattei Et.; Mauroz (ouz) P.,
Jine, 2 Jne et Pte; Maurouz-
Buinod Isab.; Mennet Et., Ml,
Cne, Jne, 2 Pte; Mermet F.,
Cne et Jne; Motto Cne;
Pesson Pte; Pessot Cne;
Pré (du) Jac., J. et P.; Pré-
Cullin (du) Jac.;
Rey Cl. et Et.; Reysin Cne;
Richard Pte; Rouge Et.; Ro-
gnin Bde et Mte;
Tornier Bd, Cl., Jne et Pte.
Unbliard (?) Bde;
Vaignoux Jne; Vernard J.;
Viraz Ete; Verni Jne; Voysin
(Roysin?) J.; Vuatouz And.,
Bt, 2 Cl., F. et Jac.

Lullin, Vailly et Reyvroz
(294 noms).

Alliod J., L. et Lse; André
Cl. et J.; Avet L.;

Baud Cl., Collet F., Geo., 2 J., 2 L., P., 2 Cne et Jne ; Baule ou Bauloz (du) 2 F., Gd, 2 Geo., Mcel, 2 Mce, 2 P et Lse ; Bedard Cl.; Belluard Jac.; Berchet Am.; Berget J.; Bernod Cl. et Cne, Berthellet 2 J., Jne et Phe ; Berthet 2 Cl.; Besson Am., Cl., J., 2 P. et Cne ; Bessonet Cl.; Blanchard Am.; Blanton Cl.; Bodat 2 Cl.; Bomier J.; Bonda Et, 2 Jac. et Mce ; Bons (de) J.; Borget Mce ; Bosson F.; Bourg (du) 2 F., P. et Jne ; Bouvier 2 Geo.; Brenod Mtin ; Bron P. et Cne; Buichard Cl ; Burnet Jac.;

Calvin Genet, 3 Jean, Nic., 2 Cne ; Camuret Bd et Jne ; Camuriel P.; Chappuis Cl., P., Pte et Sébne ; Charbon J. et L.; Charles Bt, Et, 3 F., Gme, Pte. Phe et n. ép. de Cl. C.; Chastelain Am., Bapt.; Et., Jac., 3 J. Nic., P. et Col. Chauderon Chr. et Jac.; Chedan J ; Chenard Pte et Nde ; Chevallet Bd, 3 Cl., Et., 2 F., 2 Geo., 2 P., Cne et Gne ; Claud Bde ; Collo (Collond) 2 Ant., J. et P.; Comba (de la) 2 Cl., J., Geo., Cne et Pte ; Cotton Et.; Crenan F.; Crest (du) Geo., 2 Jne, Lse et Pte ; Cursat (Me) F ;

Dacguin ou Dacquin And., Jac., J., Nde, Col., Jine, Nde et Pte ;

Excoffier F.;

Favrat Cl ; Favre J., Geo. et Bdine ; Ferrière P.; Fontaine (de la) Bon, Cl. et Geo.;

Fornier Cne ; Freysier Aym. et Cl.; Frossard Cl., J., 2 Gne, Nde ;

Genève (nobles de) Cl., F., Gd ; Genève (de) J., Ph. et Nde ; Grange P.; Grilliard J., Grilliet Cl.; Guerin Cl.;

Jandin Cl. et J.; Jausin J.; Joly Cl. et F.; Jordan Ant., 2 L., P., Cathe., Jine et Quintienne ;

Laen Gine ; Liardet Bd ; Loys Bd et P.; Loyset Rich.; Lugrin Ant., P., et Fse, veuve de N. Lugrin ;

Maret J.; Martin P.; Maurou Jne, Lse; Menton Cl. et Noël; Mermet L.; Merniaz-Pernard (Jne, ép. de) ; Meynoz Jne ; Moenne Fse ; Morel Bastien, Geo., J., P. et Gine ; Moret Cl. et Jne, ép. de P. M.; Munier J. et Noël ;

Nant (du) F. et Pte ;

Papa 2 Jne ; Paries Am.; Perno Mse ; Perrière Cl.; Perrod P. et Jne ; Picot J., P. et Jne ; Place Jac. et L.; Placet Berthod ; Placon Cl.; Planche Geo.; Playss Noël ; Pra (du) F., J., J.-B., 2 P., Sébn, Cne, Col., Gine, Jine ;

Relex Pte ; Ression Geo. et L. son fils ; Rey Jne et Pte ; Richard L.; Rouc 2 Cl., Fse, Hine ; Sage (de la) Jac.; Sybron Cl.; Tesson Gme, J.; Tissot Ete et Mte ; Trabichet Geo., Jac., Nic. et Gine, ép. de Cl.-T.;

Vaission J.; Veillet Gme, Jac. et Cne ; Verna Lse ; Verney P.; Verrod Cne ; Viollet

Et., J. et Lse ; Vuassod J.;
Vuatou (ouz) Berthet, 2 F.,
Geo., Jac., Pht, Cne, Ete,
2 Fse et Jine ; Vuliard Jne ;
Vulliet 2 Cl., Ét., Cne.

Saint-Cergues (55 noms).

Bardonnet Eust.; Bioley F.;
Bois (du) F.; Bomon (Bosson?)
Am.; Bordonex Cl. et Jac.;
Borge Jne ; Borgeau Cne ;
Bosson Cl.;

Carrier Gér.; Corbière (de
la) Bd, Jac., Mt, n. dame de
la C.; Cornu Jac.; Coron Mse ;
Cottet Cl. et Collet ; Court
Cne ;

Dartax Cl. et Vincent ; For-
net Am., F. et J.; Fornier F.;
Gobe (Gobes, Gobel) Cl., 2
P., Amédeine, Gmine ; Jaillet
Cl.; Jaquier H.; Loren Cl.;
Luba F.; Mermet Jien ; Mou-
ton Jne ; Nant (du) Ches (no-
ble) et Pht ;

Pellet J.; Perrier F.; Pio-
chet Cl.; Pollet Cne ; Pra (du)
J.;

Revilliet Jne ; Rey Cl. et J.;
Riotton Cne ; Rosa Jne ; Rou-
set H.; Ruve Jac.; Satre Cl.
et P.; Sesson (de) Cl.; Vela
Cl.; Violet J.

23 septembre.

Draillant (65 noms).

Balli-Jaquemin P.; Baudat
F. ; Baudet Lse ; Bosson
Andne ; Calvin F.; Carmod
Jne ; Claret 2 Jne ; Claudi J.;
Draillant Jac.; Duavellat F.;

Gerban J. et Cne ; Gerbaz
2 Jine ; Jne et Pte ; Girod P.;

Girod-Dorzi Jac.; Gramet Jac.;
Grasse J.; Grasset F.;

Hudic F.; Jaquemin Pte ;
Jordan Cl., syndic, J., Bde,
Gmine, Lse, Nde et Pte ; Jor-
dan dit Teydellion F.; Ma-
thieu P.; Maulet Cl.; Menan
J.; Orcet Jine et Lse ; Orvillat
Gmine ;

Perier ou Perrier Bd, Ml,
Nde ; Pernod Jine ; Perronet
(de la) Jine ; Pérouse ou Per-
rouse (de la) Bd, P. et Pte ;
Pretan And.;

Ramuel J. et P.; Resan L.;
Rossin J.; Rustet Bd, Cl., Gd,
J., Jac., Jne ; Sage Cl.; Sagey
Pte ;

Vaignon Gd ; Vallion J.;
Veyla (de) Cl. ; Villa (de)
Mte ; Villard (de) P.; Voysin
Cne.

Allinges (6 noms).

Maryc (Marge) P.; Mio Ant.;
Morox Mte ; Pautex Pte ; Pin-
get Denis ; Zusinge (de) P.

1er octobre.

Avully-Brenthonne et Vigny (47 noms).

Anselmo Cl.; Berchet Cl.;
Biollay (ey) Ant. et J.; Camus
Cl.; Chada Geo.; Chenevier
F.; Dayon Bl. et Et.; Duyllan
Cl.; Favre J.-L ; Fontayne J.;
Girod Cl.; Jacquier Mce, Nic,
et Cne ; Jordan P.; Lerchan
J.; Lespine (ou de) Cl., 2 J.;

Matringe Bonif., Cl. et Gme ;
Mollit J.; Momberg Ant.; Monet Jac.; Mugnier Richard Cl.;

Narot Cne ; Plantaley Bde ;

Potet L.; Pra (du) Cl.; Prevon (de) J.;

Ravi Cl.; Regaud, ou Rigaud, Bd et Pht ; Remis Aym. et P.; Roch F. (Mᶜ) et F.; Roti (Ruptier) Cl.; Ruph J.;

Séchaud Dd, Josna ; Vallet P.; Vigny Mce et Sim.

Lully (44 noms).

Ballissat Barth. ; Barbier And ; Baud J.; Bellamy Aym., 2 F., L., Nic., 2 P.; Bessonet Cne ;

Chemonier F,; Crest (du) Et.; Doret Aym.; Favre Robert et Thom.; Goga Pte ;

Jacquier 3 Cl., Mce, Mce fils de Gér., Mce fils de J., Nic., Nic. fils de Bl. 2 P.;

Martin Aym. (Mᶜ), F., Amde, Mauriset Mce ; Morzier J. ; Moulet Cne ; Neuvecelle Clt ;

Périer Jne ; Portier Ans., Ant., Cl., J., Mce et Nic.;

Ravi Cne ;

Tissot Jac.;

Vittet J.

Lyaud (47 noms).

Baudet Cl.;

Camus Fse ; Caret Cl.; Chevalier Pte ; Choste (Lhoste ?) Bde ; Coudurier Mte ;

Didier Bd ;

Echelette (d') Bd, J., Gine, Gonette, Thomasse ;

Favre Cl.; Fillion J., P., Jne, Pline ; Fornier Bd ;

Guérin J. et P.; Guiot Bd et Cl.;

Joly Antte ; Jordan Bde ; Maudry Jne ;

Natet Ml ; Neple ou Niple P., Bde ;

Place Pte ; Planchamp Fny et Mte ;

Randon Nic. et Gmine ; Rey Bd ; Reyton Ant.;

Uboyne Fse ;

Vallard ou Vellard (de) Nic. et Fse ; Vignier Jac. et Cne ; Villa (de) And. et Bde ; Villard (de) Cl., Bde, Fse et Pte ; Villy Jne.

Armoy (13 noms).

Baudet Nic.; Bernod Ant. Chenard Bd ;

Fillion Am., J.-F. et L.;

Joly F. et Noel ; Jordan de Truche Cl.;

Planchamp F.;

Reyton Bd ; Roylly (Rollier ?) J.;

Vailly Am.

Loisin (21 noms).

Baud Pte ; Borgelat F.; Borme Cl.;

Carrier J.; Champ Mle ; Cobendet Cl.; Colly Cl. et Cne ; Conte J.; Court Mte ;

Lege (Luge) J.-F.; Loup Cl.; Merly F.; Moget Cl.;

Prevond (de) Geo.;

Raoul Pte et Perrine ; Rua ou Ruaz (de) Et. et J.;

Villard Cl.; Volclan P.

Perrigny (37 noms).

Blanchard Gd, J., Sylv. et Pte ;

Chappuis F., Math. et Cne ; Chenevard Cl. et J.; Christien Nic.; Comiers (Cornier ?) J.;

Conche (de) J., P. et Rolet ;
Crest (du) Nic.;
Favre Sim.;
Giorgie Pte ; Giormery
Gmine ; Gros Phte ; Guerin J.;
Lieu (du) F., J. et Pte ;
Maribaud Amédéine ; Million Sylv.; Molard P.;
Moomus (?) Jac.; Mornay P. et Rose ;
Natey Hip. et Pte ;
Oul Cl.;
Pautet ou Poutet P. et Cne ; Pey (de) Sylv.;
Verney (du) Cne et Mte.

Orcier (26 noms).

Baio Jne ; Baud J., Hip. et L.; Baud (du) Ambe et Simonde ; Baudet Pte ; Bernat J.; Bustret P.;
Chenevat Cl.-Ph.; Claret F.; Coffy P.; Curnond Gme ;
Favrat J.; Fregio (Frezier) Cne ; Meny Nic.; Nicod Antie ; Rélet Ml ; Reyton Cl.; Russey Cl.;
Veillet Et. et Jac.; Vigny (de) Cl.; Vuaton Ant. et Cl.; Vuaton-Costy Cl.

Bellevaux.

Argot Et. et P.;
Bachet Sim. et Ete ; Berard Cne ; Bessonet Cl. et J.; Blanc Jac. et Cne ; Buidon Bd et Cl.; Buinod Cl. et Et.;
Clavel 2 Am., Cl., 2 J. et Nic. ; Collier Et., Corbier Math.; Cornier Et.; Cousin P.;
David Bd, Cl. et Ml ;
Fanier Ete et Pte ; Favrat

2 J.; Favre F., 2 Cne et Pte ; Frochard Jne ;
Gagin Cl.;
Maistre Amed, 2 P.; Martin J.; Mauroz Bd, J., Nic. et Pte ; Meynet 4 Cl., J.. 2 Jne, Lse et Matheine ; Michaud Jine ;
Peri Jac.; Pesson Cne ; Puis (du) Anne ;
Rey Gn et Pte ;
Séjour Et.;
Tornier Cl. et Jne :
Vaignoud Bde ; Vuarnier Cne.

3 octobre.

Machilly (13 noms).

Baulet J.; Bétend Jac. et Ml ; Brunet And.; Cornet Cne; Coustiers (Couty) P.; Flamen P.-Cains ; Fléchiers (de la) Ant. et Anie ; Guion Gde ; Lombard Cl.; Pellissier Cne ; Revillod P.

4 octobre.

Bons (10 noms).

Beysson Et,; Blanc Jac.; Chalende Colet ; Charmot Cl.; Clefs (de les) P.; Compois (de) F.; Crosa (de la) Am.; Prox Nic.; Ronzier (du) Bernardon ; Tissot Ant.

Bons et Saint-Didier
(76 noms).

Alcin Cl.; Allex P.; Artique Ant.; Beaux Cl.; Beguin Jne ; Berna Cl.; Bons (noble de) Elie ; Bons J. et L.; Brassard Vinc.;
Candevod Rolet, Champs

(des) J. et Lse ; Charmot Aym., F. et P.; Chaussat (Chauffat) Ant., Cl., Fse et Lse ; Chavane Pte ; Clefs (de les) Bd, Cl. fils de Cl., F.; Crest (du) Ant. et Guigues ; Crettella P.; Cullod Cl. et P.;

Daubona Cl.; Gervex J., Jne et Mse ; Girod Cne ; Gisset (Juset) J.-F., Andne et Cne ; Janin Fse ; Joseph Cl., J.-F. et Noël ; Lamod Ant. et Cl.; Lebat Et.; Lullin F.;

Machon (Moachon) Cl., fils d'Ft., Cl., fils de Gme ; Daniel, Et., F., Nic. et Fse ; Novacelle Mce ;

Perrod Abrah.; Cl. l'aîné, Cl. et Mlle ; Pittod (Puthod ?) L.; Portier F. et Jne ; Pra (du) Mce ; Prevond Gd ; Puthod Fse ;

Roc Pte ; Ronzier (du) Jac ; Séchaud Ant., 2 Cl., J. et Bde ; Thomas Mse ; Tissot F. et P.; Trussat Barth. et Girod ; Vacheran F.

7 octobre.

Anières.

Bovier F. et J.; Chevrens (de) Bd et J.; Panisset Min ; Villard Ant.

Ballaison (76 noms).

Bal (de) P.; Baux Cne ; Bétend Cl et Nde ; Bocherand Bd et F.; Bourgeois P. et P. fils d'H.; Brunet Cne et Pte ;

Cazel Cl. (Mᶜ) ; Chalende 2 F., Mce, Cne, Ette, Fse, Gde et Pte ; Chavaniers Cne ;

Chevalier Catb. ; Clément Bde ; Clerand Mse ;

David Abrah.; Durand Ant., Cl. fils de Cl., Gn, P., fils d'Ant. et Jine ; Escoffier J.;

Gaillard Andréa ; Gantier Mce ; Gave 2 Jne ; Gostinet Mme ; Grenier Nic.; Guare F.; Guennard L. et Mtin ; Guerdon Ml ; Guisard Cl.;

Martin Cl., fils de P.. Cne et Fse dite Machan ; Merma Gme ; Millachon Nde ; Mont (du) J.; Mojonier (noble de) Am.; Mussillon Et. et Cne ; Mutilliet Cl. (nᵉ) et Gd ;

Pellissier J.-F. et P.; Prodon J.;

Rua (de) J., J.-F., Urb., Fse, Gmine et Jne ; Utigny (d') J. et ses fils Cl. et Mt ;

Verna Prin ; Vernier Cl.; Verrière Et. et J.; Victon Mce ; Vincent Cl., fils de Cl., Cl., fils de Nic., Mt, P., P., laboureur, P., maçon, Pte.

Douvaine (75 noms).

Baudet Jne, Baulan ou Bolan 2 Ant., Bd, 2 J., Gmine, ép. d'Ant.; Besson J., Hte vᵉ ; Bocheran Bd ; Boguin Ant.: Bordenet Aym.; Bosson Hte; Brun Antie; Bunier P.;

Charmot Cne ; Clermont 2 Cne ; Condet Ant., Guy et J.; Conte (tio) Cl. et Nic.; Corbe Jne ; Corbière Jnc ; Cosson Pte, ép. de Thomas ; Coustier J., Nic.; Crest (du) Cne ; Cudet 2 Geo.;

Daubona Cl.; Dorsier Cl., Anie, Bde, 2 Jne, Anie, ép.

de H.-D.; Durand J.; Falquet Cl., Andne et Hte ; Féternat J.; Foras (de) Ml (ne) ;

Genod ou Genou J , 2 Monet, Gn, Sim.; Jaccod 2 Pte ; Jacquemoz Jine ;

Masson Jne ; Mauris ou Moris Jne, fille de F., Pte ve, Pte, ép. d'Anable-M.; Mont (du) Geor.; Morel Urbaine ;

Pannier (de) J.; Porte Cl., F., Bde, ép. de Cl., Cne et Jne, ép. de F.; Prevant Cl.; Rua (de) P. et Fse ; Sicard 2 Sybille :

Troctier Bd et Gle ; Troquier Fse, ép. de Jac.; Vallet Nde ; Villard Gine, ép. de Cl., Voland Gine ;

Filly (28 noms).

Bellode Phte ; Beyssonnet Anie ; Bocquard Fse ; Bossu 2 L.; Bourgens Cl.; Chalou (ne de) Pne ; Champ (du) Cl. et Mce ; Chappuis Gd et P.; Chaudet Béatrix ;

Echarnier P. et Hne ; Guidon Cl.; Guillermin Cl.; Jacob J.; Jordan 2 Thomas ; Mathieu Fse ; Mont (du) Jne ;

Petit Jh ; Portier Floret ; Ravion P.; Rua (de) Ml ; Sales (de) P.; Ticon Rose ; Tigner (du) J.

Beauregard (Cusy) (5 n.).

Barbier Cl.; Benet P.; Berthet Cl.; Favre F.; Gotet Cl.

Coudrée (Sciez) (12 n).

Bonatreys (de) Jne ; Burnet Cl.; By Noémi, fils de Del :

Chastel F.; Chevrens Nde ; Clerc Jine ; Lancet L.; Marcet Jne ; Odion Ant ; Sordat Bde et Jne ; Vectal P.e.

Hermance (47 noms).

Averlion J.; Balleyson (de) H.: Besson Jac.; Boccard F.; Bovier Gme ; Brigand Phte ; Bron Jne ; Burnod J.;

Chappuis Bd (Me) ; Cloz (du) J.; Collet Ches et Cl.; Coussin F.; Davendre Cathn, Jh et J.; Foras J.:

Gay Ches et Fse ; Gondry Aym. ; Gottret Fse ; Gros Cathn.; Jacquemod F.; Liardin Pte ; Longet Jac.;

Mercyer Cl.; Mermoz Geo.; Montral Cath.; Motellet Ambl., Bte et J ; Mouton Michaud ; Musi Aym. et P.;

Pernod J. et Cne : Piu Ant., J. et Jne ; Pivuz F.; Planche Gme ; Puis (du) Cl. et Geo.;

Ravoyre (de la) Nic.; Rivolat J.; Velier P.; Villard Girard.

Jouverney (Margencel).

Chauderon Bastien.

Messery (50 noms).

Arvin J.-F.; Benoit Bd ; Boccard Bd et L.; Borge (du) Bd, F., J. et P.; Borgeallet P.; Brolliet J. et Mse ;

Chaudet F., P. et Florence ; Chollet J.; Crespi Jac.; Creusa ou Crosa (de la) Bd, Geo.; J. et Ml ; Criblier F., F dit laysan, Jacq , J., J. dit Cursillat, L., Maximil., Noël et P.:

Dayon Ant.; Faysan J. et

Cathe; Marlin Bd et Jne, ép.
de F.; Mathieu P.; Motella P.;
Motellet Ambl,, Bte et J.;
Sauvage P.; Secard Aym.
et Jne ;
Verbo Gme; Vuarnet J.

8 octobre.

Cusy (18 noms).

Beaudat Geo.; Banna Ete ;
Bocheran Cl.; Doussy F.;
Fichard Bd et Jac.; Floret
Bthe et Jne ; Gallois Am.;
Gottret Cl., Ete et Fse ;
Morel F., Rapin P.; Rivollat
Am. J. et J.-F.; Voulan Pte.

Excenevex (15 noms).

Arpin Bd, Jac., P. et Nic.;
Chastellena J.; Cheral Fse,
ép. de Jac. Portier ; Garnier
Cl. et Mte ; Genet Bd ; Girod
Nic.; Gobel Pht;
Livonge (de) L ; Mottu Amed;
Terenes J ; Thorens J.

Fessy (31 noms).

Baud Ant. et Girod ; Bel-
lamy J. ;
Chaudet Samuel ; Chenevier
2 F. et P.; Cohendet Mce ;
Favre F et P. ; Frareri
And.;
Gartan Am. et Geo.; Gogat
Ant.; Gye Gd ;
Martin J.; Mercier Pte ;
Nattes (de les) Pl et P.;
Picod Gd ; Primberti Dd ;
Ravi (io) Cl., Jte et sa fille
Ayma ; Rubon Godefroy ;
Vacherand Cl. et Mce ; Vi-
ret Cl.; Voulant Cl. et Mte.

9 octobre.

Feigères (32 noms).

Bontean Aldre ; Borget P.;
Bruel 2 Cl. et 2 P.; Charriers
J.; Compaignon Ant., 2 Laz.;
Cuex Cl.;
Deléaval F. et J.; Fornier
Jne, femme de P.-F.; Genevard
P. ; Guerre Cl. ; Hostellier
Mtin ; Mivelle J. et Bde ;
Perier (du) Ant. ; Portier
Jac., 2 Jacquemin et P.; Ram-
bosson 2 Cl. et Jac.; Taponier
Cl.; Vaignat J.; Vaulix Gn;
Vuachon Bthe, ép. de Cl. V.

Thairy (29 noms).

Barbier L. et Thomas ; Bas-
tia Cl. et Ht; Boymots Jacob;
Charlier Brice ; Clave (el)
Gel, L. et Nle ; Cocans Cl.;
Cuex Pht ;
Durand P.; Favre Cl.; Fon-
taine (de la) J. et Nic.; Gerard
ou Girard Clt, 2 J. et Mt ;
Lucian J.;
Moget F.; Nant (du) Et.;
Ouquard Bl; Provent Cne ; Rey
P. ; Rivilliet Anie ; Tardi
Gme ; Torrens (de) Brice et J.
son fils.

Compesières (18 noms).

Babel Cl., Perruval, P. et
Clce, ép. de Ht; Baux Ambl.
et Bde, ép. de Mt B.; Bran
Mlle ; Coquant Jne, ép. de L.
C.;
Fontaine J. et P.; Fontaine
(de la) Charlotte, noble ; Gol-
lion J.; Janin Salomon ; **Lestra**

(de) J.; Migard Bde, ép. de J. M.; Pautex P. et Jine ; Rosse Cl.

Saint-Julien (22 noms).

Badel Chr., Jien, Pte, ép. de Jac. et Pte, veuve de Cl.; Bernard Jac. cadet, J., Pte et Cne, veuve de Pht B.; Bocquet Cl. et Pte, veuve de Geo. B.; Borge Cine ; Bourgeois Fse ; Butta (?) Fontana ;

Chastellain J.; Coennet Gonet ; Fabert Gme ; Girardon Jne ; Levrat Ant. ; Masson Gne, veuve de F. M.; Millier Jne; Morel Cl. et Fse.

Collonges (27 noms).

Bochet Bd ; Breton Thomas ; Canard J. et P.; Cant Jac.; Croset Bte ; Daudin Nic. et P.; Deléaval J.;

Favre P.; Fuliard J.; Grilliet J.; Mermier P.; Métrallet F.; Miège J. et Nic.; Natural Ml ;

Pellet Cl. et J.; Pellionet Jne ; Pistaph Et.; Rey Gn, J. et Pte ; Rua (de la) J.; Vuarier Cl.; Vuarin Nic.

Bernex, Confignon et Lullin (48 n.).

Ador Sne, veuve de Cl. A.; Allod (d') P. ; Bonard Cl., Eust., Jac., 2 J. et Rolet ;

Capponex ou Coponex Ambl, F., Cl. et Ml ; Cattry P.; Champs (des) Ant.. Ht et J.; Confignon (ne de) Marc ; Coquans J.; Curry Pte et Jine, veuve de Gme C.;

Faysan Rolet et Anie ; Fornier Del ; Foys Geo.; Froc ou Frot Albin, Cl. et L.;

Gallatin Mce ; Gentil J.; Girard Aym.; Giron Aym., Mce et Ph.; Gru Eust.;

Jacquier Ht ; Léchex Cl. et F.; Ligon Jne, veuve de Jac. L.; Malpa Cne ; Mauris Geo. et Jne, ép. d'Ht M.; Morel Cne ; Moutay (du) Chr.;

Provent J ; Sauge Aym.; Vandel (ne) Pte ; Vorgey Cl.; Voustier Léger.

Neydens (8 noms).

Berlioz Ml ; Chanal (de la) Rolette, ép de Laz.; Henri F.; Jagard Domin.; Moret Ht; Sublet Nde et Sne ; Vuagnat P.

Beaumont (18 noms).

Bosson Andne, fille de Cl. B.; Cousta Cne, ép. d'Et. C.; Grivet (Gruiet) Ant., Aym. et Cne, veuve de Jac. G.;

Mabut Cl., Et., Jac. et P.; Mogevant Jne, fille d'Et. M.; Mouget And.; Ponce Ant.; Pralet (ou de) Ant., Et., Jac., P., Andne et Pte, fille de J.

Viry (20 noms).

Blanc Aym. et L.; Bonardet P.; Boncoman Mce ; Bovier Bthe et Mlle ;

Cartier Pte ; Cochet Geo.; Cohendet Amb.; Cologny Geo.; Curtet Pte ;

Gentil Aym. et Amne ; Jullian Jine ; Métral Jne, veuve de P.; Pella F.; Piccot Ml et Jne ; Rivachy Mse ; Testu Amne ;

Vers (8 noms).

Girard Mie, fille de Cl.; Jampino Cne; Philippe J.; Vallacian Pte ; Villiet Cl., Guich., Ht et Mce.

Lancy (7 noms).

Fiquey P.; Jordain J. et Pht; Molin (du) J.; Nant (du) And.; Pauget Am.; Saugey Et.

Chênex (11 noms).

Caille Cne ; Collomb Pte ; Cristin Jine ; Ferra L., Jne et Mse, ép. de Jac. F.; Gentil Jne; Lambossy Cl.; Olyvier Gme ; Ravoyre (de la) Aym. et Andne.

10 octobre.

Corsier (20 noms).

Bellerive (de) Bd et P.; Bovier J. cadet ; Chevrans (de) J.; Dedero Am. et Nic.; Dru Jac. et J. cadet ;

Gaudemine J.; Gavilliet P.; Guigona J. et Nic. (Me); Mugnier Bdin ;

Panisset Abrah.; Pertemps Cl.; Poysat Cl.-Amed; Ravoyre (de la) Geo.; Sublet Ht ; Villette (de) Cl.; Viret Et.

Brens (36 noms).

Armout Cl.; Bellossat Ant.; Challon J. et J. dit Guarnet ; Chastel (du) Rt; Chaussat Fse et Hte ; Coup J., Croset J. et Cne ; Duche P.;

Gautier J.; Girard Cl.; Guillaume Aym., J. dit baron, J. dit Fouilloux, Mrin et Mle, ép. de F. G.;

Haraucourt (n° d') Esther, dame de Servette et Langin ; Janin Cl., Jac., L., Jne, Lce et Mmette ; Mugnier Andne, ép. de Cl. M.; Ormond Pte ;

Perret F.; Portier Ant.; Rollard Mte ; Rosset F. et Jne ; Songe (du) Mle ; Vigny Anne, veuve de F., Hte, ép. de P. V.; Vuirton L.

Veigy (68 noms).

Asnières (d') P.; Balidet Geo.; Baud J., J. dit Magnus et P.; Bottaz Mt ;

Chamorier J.; Chappuis Jac.-J.; Chevrens Collet, J., Nic. et Cne ; Chuit Abrah., Geo., J., Nic. et P.; Coaldrens Geo.; Condevaux Et.; Congin (de) P.; Cordier Am. et P.; Costier Jne ;

Daumont Cl.; David F.; Dayo Cl.; Dentand Gme; Doron J.; Dorzier F.;

Espaula H. et Nic.; Faudrat F. et Cne; Foex Ant. (Me) ; Fornier J.; Gardon J.; Gay Jac. (Me), Guent J.-F.; Hudry Ans.; Jacquier J.;

Matheli veuve ; Mermaz Geo.-Bd, Gme et N., veuve de Nod M.; Mermoz Et., F., Jac. et Séb ;

Nant (du) Emion et Et.; Nourry Del ; Pelligot F., F. et N., veuve d'Aym. P.; Perret Judith ; Perrod Mie ; Place (de la) J.;

Rosseau (ou Rousseau) J., Nic., Genelle et N., veuve R.; Sagey (du) Jne ; Serrasset Jac.; Tronchet F.; Geo., Gme et

Gmine, veuve T.; Vigny (ne de) P.

Chavanex (14 noms).

Chappuis Bde ; Coucul Merma ; Estra (d') Ant. et Jac.; Girod J.; Hoste (L') Bd ; Jaquet Pline ; Lamy (ou l'Amy) Cl., Gme et Rolet ; Pernod Cl.; Petet Cl.; Reymond P. dit Girod.

Sciez (66 noms).

Arpani C.; Avonex (d') Anne); Balland Cl. et Anserma; Biolain Bd; Biollet Bd; Borgey P.; Bourgeois 2 J.; P., P., maréchal, et Pte ; Canan Jne, veuve Gme C.; Champ (du) 2 Cl.; Chanstal Cl.; Chappuis Ant., J., J. (Me) et Mt ; Chastut Nic.; Chevallier Gin, H., Jac., P., Lse et Mse ; Clerc Jac. et J.-F.; Croset Jne;

Escostier 2 C.; Favre Rolet; Fusinge (de) Nic.; Jordan J.; Lancey 2 Abel, Cl , 2 Geo. et 2 Mce.

Marcet 2 Cl. et Ml; Marchey Cl.; Marge Bde, ép. de Del M.; Maudry Ant.; Moenne L.; Nant (du) Cl; Perrod Bd; Perron Bd; Pétel P.; Pioton 2 Bd; Putet P.;

Rancod Cne, ép. de Bd Perrot ; Rigaud Lse ; Rua (de la) J.; Sadot J.; Suchet 2 Rolet ; Voylet Ant. et C.; Vullié 2 Cne.

Margencel (98 noms).

Aynard Hip.; Baria Cne ; Baud Cl., 3 Gme, J-F. et Bde ;

Bergeal Tho. et Jne ; Beriol Tho.; Berthier Gme ; Blanchard Ans., Anserma, Cine et Lse ; Bordat Nic.; Bovard Mte ;

Chesne (du) Ans , 2 Cl., Et., Jacquillon, J., Lt, P., Bthe, Cne, Gde, 2 Jne ; Chevallier 2 Cl. et Anserma; Croix (de la) Et.; Cul J.;

Draillart Pht ; Fatigand (-gard) 2 Jne ; Favre Bd ; Filliet J.;

Gentil J.; Gilliet Pl; Grand Ant. et Gmine ; Grésil J.-F.; Guichard Del; Heritier Cl.;

Jacquier Cl. et Cne ; Jandin 2 J.; Jordain Bd, Et., Jac., Mce, Merma et Romé, fille de Mce J.; Juilliet And.; Jusinge (de) Jac., Mce et Bde ;

Maniglier J. et Jne, veuve de P. M.; Marge Mce, Bde et Lce; Maudry J. (Me), P., Tho., Gma, Lse et Mte ; Mottu 2 Bd et Isabelle ; Moyxi Bde et Jne.

Nant (du) J.; Olyvier 2 Lt, P., Et. et Nde ; Paroysse Del, Nic. et Mie; Plans (ne des) P.;

Reboux Bd; Rebut Bd; Rigaud Jac., P , Cne et Jne ; Ticon Bd, 2 Et.; Vuarat Gme.

Saxel (4 noms).

Bétend F.; Collonel J.; Mochet Aym. et Cl.

Rive-sous-Thonon (19 n.).

Bastard J.; Baudet P.; Beguin J.; Chappuis J.; Corsens (de) Ant., Bt et Nic.;

Dupont Anne ; Echernier Mce ; Fontaines (des) Bl.; Guddet J.; Jacquart Cl.;

Perrière II.; Plans (des) F.; Pugin Ches ; Rosalet Jac.; Vionet Cne ; Vuatoux Cl. ; Vulliet F.

Vongy (26 noms).

Balli P.; Basset Hip.; Baudet Cne ; Bochex Ant.; Cart Cl.; Cloz (du) Bd; Collomb Bthe ; Destra Hte ; Durand Am.;

Gentil Cl.; Georges Hug.; Gerdil Grin ; Gex Geo., Jac., 2 P., 2 Jne, Lse et Pte ;

Jardi Clre ; Laplace (de) P.; Maglier Cl.; Penaud Cl.; Perrod Tho.; Replumaz Urb.

Tully (5 noms).

Chauderon Cl. et Jac.; Mugnier Ant ; Soulon Bastian ; Vuachet Aym.

14 octobre.

Anthy (30 noms).

Baudat J.; Baulo (du) Cl.; Beguin F.; Berthet Cl.; Bonda Fse ; Bourgeois F., syndic ;

Chappuis Sermet ; Chesne (du) J.; Chevallier L.;

Destra Bl, Del et Jac.;

Forral Cl.;

Gagy Abr.;

Martin Et., Geo. et P.; Mortillot Jac.; Nicolet Ml ; Paccot Jac.; Pinet P.; Plastat Del, F., Gd et Nic.;

Ribut Cl., F. et Jac.; Soldat Humb., syndic ; Vattau Bd.

Cervens.

Buclin Jac. (M^e), notaire.

19 octobre.

Yvoire (28 noms).

Champuri Pin ; Chanal (de la) Cl ; Chesne (de) Bd et Jne ; Criblier Jne; Fers Cl.; Fresne (du) J.; Grès J.; Larpin Bde ; Luonge (de) P.;

Marcel Fse ; Mermilliod Cl.; Michiel J.; Mignet Pin, Pht et P.; Novel H. et Pht ;

Pignier Bd, Gme et Cl.; Portes (des) Bl, Melchior et Nic,; Thorens Cl. et Pht ; Vionnet Mt ; Vuarnet Jac.

Massongy (27 noms).

Aubier Del, syndic, et sa femme ; Bailliat F., syndic ; Bonivard Geo.; Carneau P.; Chastel P.;

Dalay Bd et Cl.; Darbey Ml ; Dufours Aym., Ant. et P.; Lestand Cl.; Mermet And.; Mochet Cl., Gn et Jac.;

Pellet J.; Piccard 2 Del, F., Jac. et J.; Piccat Et.; Piccut Geo.; Porte Et.; Tenier Bd.

Concise (17 noms).

Bauda Et.; Bellisse And., J. et L.; Bergoen L.; Bosson Gme ; Deschelettiers J. (M^e) ; Favre Gab. (M^e) ; Gaye Berthet ; Jordain Et.;

Mollie Jac.; Penar Cl.; Regard Hip.; Robert Cl.; Roguet J.; Veliers (?) J.; Voullié L.

Thonon (168 noms).

Audri Girard ; Bally Bthod; Baud Augtin ; Baudat 2 F.; Bauloz (du) Cl.; Bechand Bd;

Belpoil Cl.; Bergier P.; Bergoel P.; Bergoen Gme ; Bintival Cl.; Blanchard (de Vevey) And.; Blanche Cl.; Bochex Jac. et J.; Bons (de) Hip. (noble) et J.; Bontard And.; Borgeaux Angelin ; Borgeod Jac.; Bovier Ferd. (n°) ; Brionsat Ant.; Bruet Antie et sa fille Jne ; Buinard Guigues ;

Chadal Cl.; Chadel Mce ; Chalende J.; Chappuis Cl.; Chastelval Cl.; Chedal Cl. et Mce ; Cheneval Bd ; Chenevier Sermet; Cherrières F.; Christin Bd; Clermont Jine ; Cohendat F. et P.; Colland Math.; Convers Cl.: Corzan (de) Berthet, F., F., fils de F., F. et Gme ; Crèches (de) Ml ; Croix (de la) And.; Cutoy Maclet;

Dalphin L.; Deschelette Bd ; Destra L. (M°); Escolton Geo.;

Faurat Mse ; Favrat Et. et J., fils de Mt ; Favre F., Gn et P.; Fongela F.; Forestier Cl. ; Fornier L. (n°) et P. (M°) ; Fresne (du) J.;

Gabriel Madne ; Gallaz P.; Gavilliet Hip.; Gerie Bd ; Geydet L.; Girod J.; Gratian J.; Grisod Cl.; Gueliod 3 frères ; Guerlaz de Guiau Sde ; Guiblier Hug. et ses deux fils ; Gingona Nic. (M°) ; Guy Abr.:

Hallemand And.; Jacquier F.; Joly Guy (n°) et Chr.; Jusinge (de) Mt et P ; Lancey F.; Lièvre And.; Listort Ml ;

Malliet Gd ; Maurod-Chappuis Cl.; Mauroz Cl., J. et Noël ; Maylliet Jh ; Mengeon J.; Menton H ; Mercier Am. et J., fils de J.; Merdens P.; Merier P.; Merma Gme ; Mermet-Favrat J. ; Mermeti P. (M°); Mermoz H. ; Meynet And. et 2 Ant.; Michaud H.-P.; Morzier 2 J.; Moynet F.;

Nattey Mt ; Nor (?) J.;

Paréat J. (M°) et J.; Peccuz Abr.; Pectod Mce ; Pel P.; Pepin ou Pippin J., Min et P.; Perron Fse ; Petit P. (M°), ministre ; Peyrod Cl.: Piccod Jac.; Pinaud 2 P.; Pinton Mce; Prés (des) Cl. (n°) ; Provenchère (Ches) ; Puis (du) Hug. (M°) et Ph. ; Pupon Madne ;

Ravier Cl. et F.; Ravinel Gme ; Ravuers Bd ; Rey Bd et P.; Reyret (du) Ant.: Riond Nic.; Riu L.; Rua (de) P.;

Sachet Ml (n°) et Désirée ; Saint-Michel (n°ˢ de) *Antoine et son fils Gabriel ;* Subject Et. et Antnie ; Suchet Et.:

Ticomes Cl. ; Ticon N. ; Tresbachod Simon ; Vaulx (de) Ant.; Veillet Barth., J. et Lt : Veillet-Liotor J.; Vignier Bapt.; Villarais (du) Ml; Vodaux Et. ; Voysin Jac. ; Vulliermo Mie, ép. d'And. Collomb ; Vulliod Mle ; Vulnay F.

Nernier (56 noms).

Balleyson (de) Jne ; Baudiers Mic; Bolliet F.; Bonivard Ht et Jne; Bonnevaux Bde, ép. d'Ht B.;

Canavet Genette et Jte ; Chatelain Fse, ép. de P. C.; Chauderon Am.; Chesne (du)

P.; Chevallier Fse ; Cornu Cne, ép. de Bd C.; Crespi Gme et Girarde ; Cul (de Corzan) L.;

Dacquin Ph.; Dessert And. et Nic.; Dufour Lse ; Favre P.; Gruiller Hip.; Jacquin Geo. et Pht ; Lestand (de) Fse ;

Maret Cne ; Merle (de) Fse, ép. de F.; Mochet Davienne ; Mottet Del et Salomon ; Mousset Jne ; Ocli Jne, veuve d'Ant.;

Pellasar Bthe ; Pelu Gne, ép.

de J.; Pernou Pte, ép. d'And.: Piccard Ant.; Piccut Jne, veuve de Bd et 2 Pte ; Piu Cne ; Planta Bthe ; Portier N., veuve de Pantaléon ; Pottey Bd ; Puoard Vincente, ép. de Del ; Putod Jine ;

Rigaud Bernon ;

Scutistère N., veuve ; Serard P.; Servage Gne ; Torniers Pne ; Verne Pne, veuve ; Voysin Cne ; Vulliermoz Del, F. et P.

E.

Visite des églises du Chablais

faite par Mre Claude d'Angeville,

accompagné de N^e Claude Marin, de Jac. Picot, secrétaire,

et de Michel N., d'Annecy, charpentier.

Mercredi 21 octobre.

Lyaud. — Eglise en assez mauvais état, pleine de saletés ; pas de cloche, celle-ci ayant été récemment vendue 400 fl. par Cl. Baudet, alors syndic.

Orsier. — Découverte en plusieurs endroits, pleine d'ordures, sans plancher ; pas de pierre d'autel, Une cloche est cachée chez les Baudet ; une a été vendue il y a un an.

Draillant. — Mal couverte sur le chœur, découverte ailleurs ; sans plancher, ni portes ni fenêtres ; sans autel ; pleine de pierres et de tuiles ; deux cloches, dont un battail a été volé.

Perrigny. — En mauvais état (de même que le presbytère), plancher inférieur gâté, sans fenêtres, mal couverte, pleine de. pierres et de tuiles ; réparations nécessaires évaluées à 400 fl.

Margencel. — Bien couverte. Deux cloches au clocher. Presbytère en état passable. Rép. 140 fl.

23 octobre.

Armoy. — Mal couverte, plancher inférieur tout rompu et pourri. Une cloche ; une autre a été vendue cinq mois auparavant au sieur André Girard, de Thonon.

Vuallier (Vailly). — En bon état, bien couverte. Très belle pierre d'autel de marbre, non dressée.

Lullin. — En bon état, bien couverte. Deux cloches. La maison de la cure, qui est au-delà de l'eau, est entièrement ruinée.

Vallon. — Sa belle église et son monastère entièrement ruinés.

24 octobre.

Bellevaux. — En assez mauvais état, le toit étant rompu et découvert en plusieurs endroits ; pas de portes ; fenêtres sans vitres ; autel dressé. — Le prieuré est assez bien bâti ; son cloître est tombé depuis peu. Rép. 1500 fl.

3 novembre.

Allinges. — En assez bon état, autel dressé, pas de plancher inférieur ; portes à refaire. Deux cloches au clocher. Rép. 1200 fl.

Cervens. — Autel et fonts dressés. La nef et l'église sont *carronnées*. Rép. 300 fl.

Fessy. — En mauvais état, mal couverte, fenêtres sans vitres ni châssis. Cloches vendues dès environ quatre mois par les syndics d'alors.

Avully. — Entièrement découverte et ruinée en partie, pleine de pierres et d'ordures ; sans portes, sans clocher ni presbytère.

Brenthonne. — Mal couverte ; plancher inférieur tout gâté. Autel non dressé. Presbytère assez éloigné.

4 novembre.

Saint-Cergues. — En mauvais état, mal couverte, plancher inférieur entièrement gâté ; sans cloches, pierre d'autel non dressée. Rép. 700 fl. — Vu de loin les ruines de l'église de *Genevray*.

Boringe. — Il n'y a plus que quelques restes de murs : elle est sans biens ni revenus.

Machilly. — En très mauvais état, pleine d'ordures et de pierres, sans plancher inférieur, sans pierre d'autel, sans cloches. Chapelle de gauche belle, mais mal en ordre. Rép. 700 fl.

Brens. — Même état que la précédente : la grande porte était même murée. Pas de cloches : l'une d'elles a été vendue il y a quelques mois à Tivent Amed, de Genève, pour 400 fl. Rép. 800 fl.

Bons. — En assez bon état ; autel, fonts et bénitiers dressés à la catholique ; deux cloches. Cure en assez bon état. Rép. 400 fl.

Saint-Didier. — Ruinée en partie, chœur entièrement découvert, pleine de pierres et d'ordures. Ni cloches, ni pierre d'autel, ni plancher inférieur. Rép. 700 fl.

Lully. — Assez bien couverte, sans portes ni plancher inférieur. Pierre d'autel non dressée. Cloches vendues, six mois auparavant, par F. Bellamy et Cl. Jacquier, syndics. Rép. 500 fl.

6 novembre.

Excenevex. — En très mauvais état, toit rompu, pas de portes, plancher inférieur pourri. Pas de cloches. Pierre d'autel non dressée.

Yvoire. — Toit et voûte du chœur tombés, pas de plancher inférieur, pas de cloches : l'une est engagée à Genève depuis un an pour 200 fl. La pierre d'autel a été trouvée vers la fontaine du côté de Nernier. Rép. 2000 fl.

Nernier. — En assez bon état. Pierre d'autel non dressée. Rép. 300 fl.

Messery. — En assez bon état, sans pierre d'autel ni cloches. Rép. 200 fl.

7 novembre.

Douvaine. — Eglise sans portes ni plancher ; deux cloches, une petite et une grosse qui est engagée à Genève depuis un an. Rép. 1000 fl. — Maison du prieuré en mauvais état, sans portes. Rép. 1000 fl.

Cusy. — Mal couverte, sans plancher inférieur ni portes ; la cloche a été vendue 200 fl. Rép. 300 fl. Cure découverte.

Hermance. — Le chœur, qui est en bon état, a été séparé récemment de la nef par une muraille ; nef en mauvais état, sans plancher. Pas de cloches. Rép. 600 fl. Cure passable.

Anières. — En assez bon état, sans plancher inférieur, sans pierre d'autel, sans cloche depuis 60 ans. Sans cure.

Corsier. — Toute découverte ; la voûte s'ouvre en plusieurs endroits depuis que J. Gruz et Geo. Martin ont vendu les tuiles. Pas de cloches : l'une est cassée, l'autre vendue. Rép. 1500 fl.

Veigy. — Etat passable ; fenêtres sans vitres ni châssis. Autel dressé. Pas de cloches : elles ont été emportées en 1589 ; cure à rebâtir. Rép. 600 fl.

8 novembre.

Loysin. — Pleine d'ordure et de pierres : deux pierres d'autel. Cloches engagées à Genève, chez J. Verney, depuis un an. Rép. 1200 fl.

Balleyson. — Presque toute découverte, sauf le chœur et la chapelle de Coudrée ; fenêtres et portes assez bonnes. Autres chapelles ruinées. Rép. 2500 fl. Cloches emportées pendant la guerre.

Massongy. — Mal en ordre, couvert tout rompu, plancher tout gâté ; pas de cloches ; cure en assez bon état. Rép. 2000 fl.

Filly. — Nef découverte ; chœur en partie garni des sièges des religieux ; pas de portes ; clocher ruiné, cloches au fort des Allinges. Cloître et monastère ruinés.

Sciez. — En assez bon état ; pierre d'autel en marbre noir. Une petite cloche ; l'autre est à Coudrée. Cure. Rép. 200 fl.

Anthy. — Découverte, tuiles vendues ; portes et fenêtres bonnes. Une cloche ; l'autre a été vendue en mai par les syndics. Rép. 1200 fl.

F.

Les châteaux et la chapelle des Allinges.

LE CHATEAU.

Au centre du Chablais, dans la ravissante plaine qui s'étend entre le lac et la montagne d'Hermone, s'élève une colline longue d'environ trois quarts de lieue et courant de l'est au sud-ouest. Ses flancs abrupts sont garnis de chênes et de châtaigniers superbes ; son sommet, découpés en festons, est couronné de ruines majestueuses, au milieu desquelles on distingue un clocher et des constructions modernes.

Ces ruines et cette tour sont les débris de l'antique forteresse des Allinges qui fut, pendant des siècles, le boulevard de tout le Chablais.

Celle-ci comprenait deux châteaux distincts, séparés par une distance de 130 pas. Au levant, c'était le *Château-Vieux*, dont l'origine remonte vraisemblablement aux Burgondes qui occupèrent la Savoie vers l'an 430 de notre ère et qui donnèrent aux divers groupes d'habitation formés autour de la colline, les noms teutoniques d'Allinge, Commelinge, Mesinge et Cursinge.

L'autre fort, dit le château d'Allinge-Neuf, remonte aux premières années du xe siècle.

A cette époque, notre pays obéissait à la dynastie des Rodolphiens. Ceux-ci venaient de se tailler, aux dépens des faibles successeurs de Charlemagne, un Etat qu'ils appelèrent le royaume de Bourgogne transjurane. Rodolphe II (912-917), fils du fondateur de la dynastie, voyant ses provinces traversées tour à tour par les bandes des Sarrasins et des Hongrois, comprit la nécessité d'élever des forteresses qui serviraient d'abri à ses peuples et de barrière aux envahisseurs. Il fit rebâtir le Château-Vieux, dont plusieurs pans de murs offrent les caractères de l'époque.

Puis, à l'extrémité méridionale du même plateau, il éleva une forteresse nouvelle, au sud de laquelle s'établit une nouvelle bourgade qui prit le nom d'Allinge-Neuf. Bien des fois depuis, le Château-Neuf a été réparé ou augmenté ; mais il reste encore quelques restes de l'œuvre primitive, entre autres la chapelle dont nous parlons plus loin.

Assis sur un rocher taillé à pic, il n'était accessible que par le sud-ouest. Mais, de ce côté, l'assiégeant devait successivement franchir le *burgum*, avec ses murailles échelonnées en amphithéâtre sur la pente des Crêtets, la première enceinte composée de murailles hautes, épaisses et fortifiée vers le milieu par une grosse tour carrée ; puis un chemin montant, encaissé, long de 80 pas au bout duquel se trouvait une nouvelle ligne de défense et le corps principal de la forteresse.

Lorsque mourut le dernier représentant de la dynastie rodolphienne, qui légua son royaume à l'empereur d'Allemagne, divers princes se proclamèrent indépendants. Dans ce partage, les deux châteaux passèrent à deux maisons rivales. Les sires de Faucigny possédèrent Allinge-Vieux et y entretinrent un sénéchal qui avait juridiction sur Armoy, Le Lyaud, Maugny, Perrignier, Brecorens, Brenthonne, etc. Allinge-Neuf appartint aux princes de la Maison de Savoie. Les deux châteaux se trouvèrent un instant réunis sous la main de Pierre le Petit-Charlemagne, qui avait épousé l'héritière de la maison de Faucigny ; mais à la mort de ce prince, Château-Vieux et le Faucigny tombèrent au pouvoir des Dauphins du Viennois (1268).

Ceux-ci attachèrent une grande importance à la possession de ce fort ; aussi n'oublièrent-ils point de réparer ses puissantes murailles dont une partie s'élève encore menaçante vers le ciel.

La guerre ne tarda pas d'éclater entre les deux princes voisins et dura près de trois quarts de siècle avec des chances diverses.

Dans ce long duel, les châteaux jouèrent un rôle considérable. De temps à autre, les deux colosses luttent corps à corps, vomissant l'un contre l'autre, au moyen de puissantes machines, carreaux empennés, carcasses pleines de matières inflammables, boulets de pierre et quartiers de roc qui écrasent les toits et renversent les murailles.

Le Château-Neuf subit un siège en 1308. Il en subit un autre en 1325, voici à quelle occasion.

Hugues, seigneur de Faucigny, ayant construit un châteaufort entre Allinge et Poche sur le faîte du mont Forcheys, le comte de Savoie Edouard réunit secrètement une armée, attaque Montforcheys, le prend après douze jours de siège et le rase. Hugues, furieux, appelle à son secours Guigues VIII, dauphin du Viennois, avec le sire d'Anthon, H. de Genève, et les trois ensemble viennent assiéger le château d'Allinge-Neuf.

Edouard, à la tête de soldats d'élite, arrive promptement au secours de la place et range son host en bataille dans la plaine au pied de la colline. Les assiégeants, fiers de leur nombre, descendent joyeux à sa rencontre. La victoire fut chaudement disputée ; mais la cavalerie dauphinoise, ayant commis la faute de se diviser en plusieurs escadrons assez distants l'un de l'autre, les cavaliers d'Edouard, massés tous ensemble, chargent avec furie un escadron, puis un autre, les dispersent et taillent en pièces les fantassins.

La guerre n'en continua pas moins quelques années encore.

Mais, en 1355, le comte de Savoie Amédée VI ayant, en échange du Viennois, reçu du Dauphin le pays de Gex et le Faucigny, dans lequel était compris Allinge-Vieux, les deux châteaux appartinrent dès lors au même seigneur, les deux châtellenies furent unies en une seule et confiées à un seul châtelain ou gouverneur, et la paix régna pour longtemps dans la contrée.

Pendant cet intervalle, l'invention des armes à feu amena un changement complet dans l'art de la guerre et rendit à peu près inutile les fortifications d'un autre âge. Le fort des Allinges essaya bien de transformer ses ouvrages de défense ; il ne put recouvrer son importance d'autrefois.

Lorsque les Bernois envahirent le pays de Vaud et le Chablais, Allinges ouvrit ses portes aux *redoutés seigneurs*, et l'on vit, pendant de longues années (1536-1567), le drapeau bernois flotter sur son donjon.

La vieille forteresse, cependant devait avoir encore des jours de gloire.

Défendue par une vaillante garnison que commandait l'illustre baron d'Hermance, François-Melchior de Saint-Jeoire, elle défia les armées genevoises qui, par deux fois, sur la fin du siècle (1589 et 1591), promenèrent dans notre Chablais le ravage et l'incendie.

En 1600, elle ouvrit ses portes aux soldats victorieux d'Henri IV : mais elle ne le fit qu'après avoir vu capituler toutes les places fortes de la Savoie et obtenu les conditions les plus favorables. Ce fut sa dernière prouesse.

Trois fois encore, les Français envahirent notre patrie. Deux fois, les défenseurs des Allinges se soumirent sans résister (1630 et 1690) ; la troisième fois, plutôt que de livrer la forteresse aux ennemis, ils firent sauter les principaux ouvrages de défense (1703).

Aujourd'hui, des tours aux fortes assises, du donjon lui-même, il subsiste à peine quelques pans de murs, dont la hauteur et la solidité témoignent, il est vrai, de la puissance du colosse qui se dressait jadis superbe et terrible.

Seule, du milieu de ces ruines, la chapelle s'élève encore *intacte* et vénérée.

LA CHAPELLE.

La chapelle du château d'Allinge-Neuf, construite au nord du donjon, en moellons crépis, est fort petite : sa longueur dans œuvre est de 48 pieds et sa voûte, à plein cintre, s'élève à 18 pieds du sol. Les fenêtres ou rayères, qui sont larges de 5 à 7 pouces, offrent un cintre surbaissé. La porte d'entrée, étroite et basse, regarde l'ouest : au-dessus se voit une fenêtre en forme de croix.

Le clocher, qui est au levant, n'est autre chose qu'une demi-tour qui flanquait un vaste corps de bâtiments aujourd'hui tombés.

A sa base, cette tour voûtée en conque, forme le chevet de la chapelle ; une peinture contemporaine de la construction orne la voûte. Cette page curieuse représente le Christ assis sur un trône, les pieds sur un carreau peint en bleu, la tête entourée d'un nimbe lumineux croisé de rouge et le corps vêtu d'une tunique blanche recouverte d'un manteau de pourpre. De sa droite, le Sauveur bénit ; de la gauche, il tient un livre ouvert sur les pages duquel se lisent ces mots : *Ego sum lux mundi.* Autour de lui, se voient les quatre Evangélistes, des séraphins aux six ailes de feu et deux figures en pied représentant la Mère et le Disciple bien-aimé de Jésus ; plus bas, quatre femmes en buste, vêtues de rouge, la tête voilée et dans l'attitude de la bénédiction, symbolisant la Charité, l'Humilité, la Patience et la...

Placée du côté d'Allinge-Vieux, la chapelle eut bien des fois sa toiture écrasée par les projectiles de ce fort, qui ne purent cependant jamais endommager sa voûte.

Après l'occupation bernoise, elle fut réconciliée et servit pour le service religieux de la garnison.

Mais il est surtout un souvenir qui la rend chère et vénérable à tous les chrétiens : elle a été le premier théâtre des travaux de saint François de Sales en Chablais. Pendant plus de dix mois, elle fut témoin de la piété avec laquelle il offrait le divin Sacrifice ; ses dalles furent arrosées des larmes qu'il répandait devant Dieu ; ses murailles ont entendu les soupirs et les prières par lesquelles il redemandait au Ciel tant de milliers d'âmes que l'erreur avait séduites ; sa voûte retentit des accents de sa voix douce et persuasive.

Aussi, quand l'Eglise eût placé saint François sur les autels, elle commença d'être vénérée comme une relique.

Mais, lorsqu'un tiers de siècle plus tard, on fit sauter la forteresse, les tours s'écroulèrent sur la chapelle et formèrent un amas de décombres de douze pieds de haut (1703). La voûte résista.

A l'époque de la Révolution, des énergumènes essayèrent un jour de porter sur ce sanctuaire vénéré leurs mains sacrilèges, un orage subit les en empêcha. Dieu voulait encore être adoré dans ce lieu sanctifié par son fidèle serviteur.

Quelques années plus tard, deux saints prêtres, MM. Garnier et Mudry, conçurent le dessein de restaurer la chapelle. Aidés par de généreuses offrandes et par le concours des fidèles du voisinage, ils en déblaièrent la voûte et les abords, firent les réparations indispensables à l'intérieur et y dressèrent un autel. Le 14 septembre 1836, l'évêque du diocèse, Mgr Rey, assisté d'un autre prélat, de 200 ecclésiastiques et d'une foule immense de peuple, la consacra solennellement et y offrit, le premier, l'Auguste Sacrifice. — Il en confia, peu après, la garde à la congrégation des Missionnaires de St-François de Sales qui y entretiennent un chapelain et qui, chaque année, y célébrent, les 14-16 septembre, un triduum de prières et de prédications.

Depuis lors, la sainte chapelle a vu s'agenouiller sur ses dalles une multitude incroyable de pèlerins de toute condition : hommes et femmes du peuple, artistes, généraux et princes du sang, prélats de la sainte Eglise : même des collèges, des pensionnats, des paroisses entières. Elle a entendu naguère la voix de 30,000 chrétiens chantant ensemble les louanges de l'Apôtre du Chablais et le vieux *Credo* qu'il a réappris à nos pères (1873).

Les Missionnaires se sont bâtis, avec les débris du fort, une habitation ; ils l'ont reliée à la chapelle par un portique spacieux qui masque un peu cette dernière, mais qui offre un abri aux pèlerins ; ils ont érigé un autel à la Vierge dans la chapelle en 1860 et, l'année suivante, ils ont construit une sacristie.

En outre des choses déjà signalées, le pèlerin remarque, à droite et à gauche du maître-autel, deux niches : dans l'une, se voit une petite statue de saint François de Sales en albâtre ; dans l'autre, un beau reliquaire, qui renferme un chapeau d'évêque. Ce chapeau est celui que le saint porta les derniers jours de sa vie.

ADDITIONS ET CORRECTIONS.

Page 2. — Un mot de la note que nous avons insérée à cette page a fait croire à certaines personnes que nous révoquions en doute toute résistance armée de la vallée d'Aulps contre les Bernois. C'est une erreur. Nous avons seulement voulu dire que cette lutte n'eut pas lieu *cette année-là.*

Page 35, ligne 3. — Au lieu de *avril,* lisez *août.*

TABLE DES MATIÈRES

499-91. — Annecy. Imp. F. Abry.